Friederike Neubauer | Lydia Larue | Maren Schneider

TURNHALLENSCHRANK AUF – UND LOS!

100 SPIELIDEEN

zum Einsatz von Kleingeräten
im Sportunterricht der Grundschule

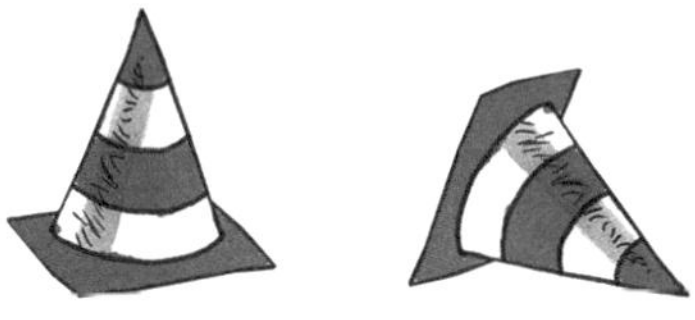

Verlag an der Ruhr

Impressum

Titel
Turnhallenschrank auf – und los!
100 Spielideen zum Einsatz von Kleingeräten im Sportunterricht der Grundschule

Autorinnen
Friederike Neubauer, Lydia Larue, Maren Schneider

Titelbildillustration
Norbert Höveler

Illustrationen
Norbert Höveler

Druck
mediaprint solutions GmbH, Paderborn, DE

Verlag an der Ruhr
Mülheim an der Ruhr
www.verlagruhr.de

Geeignet für die Altersstufen 6–10

ISBN 978-3-8346-2749-0

Inhaltsverzeichnis

Inhaltsverzeichnis

Einleitung

Der geöffnete Schrank in der Turnhalle – oftmals bietet er ein und dasselbe Bild: Auf der linken Seite hängen Reifen, darunter die Keulen und in einem kleinen Fach dazwischen ist noch Platz für ein Schwungtuch. Auf der rechten Seite sind im oberen Fach verschiedene Bälle zu finden, dazwischen ein Fach mit Parteibändern und darunter ein Fach mit verschiedenen Kleingeräten, wie Säckchen, Indiacas® und Ringen. Neben dem Schrank ist ein kleiner Ständer mit Gymnastikstäben, daneben sind in verschiedener Anzahl Pylonen und Markierhauben angeordnet. So oder so ähnlich sieht es in jeder Turnhalle aus, sodass Ihnen dies, egal ob Sie Sport fachspezifisch oder fachfremd unterrichten, vertraut sein wird.
Was aber tun mit all diesen Kleingeräten? Und sind sie im Sportunterricht von heute eigentlich noch zeitgemäß? Mit diesen Fragen haben wir uns beschäftigt und zahlreiche Einsatz- und Spielideen für Sie zusammengetragen, die den bewährten Klassikern zu völlig neuem Schwung verhelfen! Den Turnhallenschrank öffnen und mit dem, was da ist, einfach loslegen – klingt herrlich praktisch und mit dieser Ideensammlung wird es Ihnen leicht fallen!
Unsere Spiele zeigen Ihnen eine Vielfalt von Einsatzmöglichkeiten, vom ursprünglichen bis hin zum zweckentfremdeten Geräte-Kontext. Hierbei ist Ihrer Fantasie keine Grenze gesetzt, versuchen Sie es, die Geräte einmal ganz anders zu verwenden. Das bringt auf jeden Fall eine Menge Freude, sowohl für Sie als auch für die Kinder!

Zur besseren und schnellen **Übersicht** sind alle Spiele und Spielideen gleichermaßen aufbereitet:

- ➜ Name des Spiels
- ➜ Lernziel
- ➜ Einsatzzweck
- ➜ Material
- ➜ Zeitbedarf
- ➜ Klassenstufe(n)
- ➜ Spielbeschreibung inklusive Vorbereitung
- ➜ Tipps und ggf. Variationen

Einleitung

Mit dieser Übersicht finden Sie u.a. eine Darstellung der Lernziele. Zusätzlich können Sie entnehmen, wie und zu welchem Zeitpunkt Ihres Unterrichts Sie die Spiele einsetzen können und welchen Zeitumfang die Spiele in Anspruch nehmen.

Es bietet sich bei jedem Spiel an, dieses zunächst mit allen Kindern, z. B. im Sitzkreis, zu besprechen und anschließend gemeinsam aufzubauen. Bestimmen Sie dazu zwei bis drei Kinder, die die „Ausgabe" der **Kleingeräte** vor dem Turnhallenschrank übernehmen und am Schluss der Stunde auch für das ordnungsgemäße Verstauen der Kleingeräte zuständig sind. Dies verhindert Chaos im Geräteraum, schafft Entlastung für Sie und letztlich auch Bewegungszeit, da der **Auf- und Abbau** mit zunehmender Übung zügiger vonstatten geht.

Sollten Sie zusätzlich zu den Kleingeräten auch **Großgeräte** hinzunehmen wollen, sollten die Kinder hierbei wichtige Transport-Regeln berücksichtigen:

1. Weichbodenmatte ➜ mindestens acht Kinder
2. Turnmatte ➜ zwei bis vier Kinder
3. Langbank ➜ mindestens acht Kinder
4. kleiner Kasten ➜ zwei Kinder

Fördern Sie einen gemeinsamen Aufbau und einen regel- und sachgemäßen Umgang mit den (Klein-)Geräten! Teilen Sie dazu Ihre Gruppe diesbezüglich ein, sodass jedes Kind eine Aufgabe hat.
Nur so werden die Kinder nicht nur mit den Gerätschaften vertraut, sondern erlernen auch einen strukturierten, angeleiteten Aufbau der Geräte. Dies ist ein wichtiger Bestandteil des Sportunterrichts!

Wir wünschen Ihnen viel Spaß mit unserer Auswahl der Spiele!

Friederike Neubauer
Lydia Larue
Maren Schneider

Kapitel 1

Im Schrank liegen ...
REIFEN

1 BÄUMCHEN, WECHSLE DICH!

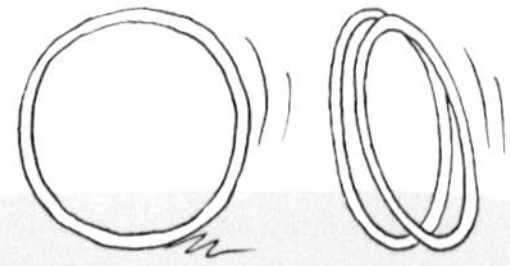

Lernziel: Orientierungsfähigkeit, Reaktionsfähigkeit, auditive Wahrnehmung
Einsatz: Stundenbeginn
Material: Reifen (1 Reifen weniger als Spieler vorhanden)
Zeit: 10 Minuten
Klassenstufen: 1–4

So geht's:

Alle, bis auf einen Spieler, haben einen Reifen-Platz (Baum). Der Spieler ohne „Baum" steht in der Mitte und ruft: „Bäumchen, Bäumchen, wechsle dich!" Nach diesem Kommando müssen alle Spieler schnell ihre Plätze wechseln. Der Spieler in der Mitte läuft auch los und versucht, einen Platz zu bekommen. Der jeweils ohne Baum gebliebene Spieler muss nun in die Mitte und das Spiel in beschriebener Weise fortsetzen. Da dieses Spiel ohne Ausscheiden gespielt wird, d.h. ohne Verlieren, ist das Spiel dann beendet, wenn Sie die letzte Runde ankündigen.

Tipp: Statt Reifen können Sie auch Medizinbälle verwenden – eine tolle Gleichgewichtsübung!

Wichtig:
Weisen Sie die Spieler wegen der Rutsch- und Verletzungsgefahr darauf hin, nicht auf die Reifenkanten zu treten.

2 HÄUSER SUCHEN

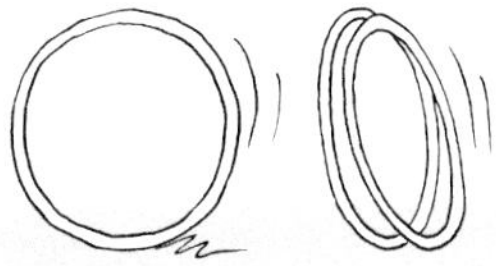

Lernziel: Orientierungsfähigkeit, Reaktionsfähigkeit, auditive Wahrnehmung, Kooperationsfähigkeit, mathematische Fähigkeiten
Einsatz: Stundenhauptteil
Material: pro Kind 1 Reifen, Nummernkarten (von 1 bis X, je nach Anzahl der Kinder)
Zeit: 25–30 Minuten
Klassenstufen: 1–4

So geht's:
Jedes Kind ist im Besitz eines Reifens. Dieser Reifen stellt das Haus des jeweiligen Spielers dar. Jedes Kind erhält dazu eine Nummernkarte (Hausnummer), die es, für jeden sichtbar, an oder in sein Haus legt. Es entsteht ein kleines Dorf aus verschiedenen Häusern mit Hausnummern. Jetzt muss jedes Kind sein Haus verlassen. Bestimmen Sie gemeinsam mit der Gruppe ein Signal, das festlegt, wann das Haus auf jeden Fall wieder betreten werden muss, z. B.:

➜ „14 Uhr",
➜ „Mittagessen" oder
➜ „Es regnet."

Zu Beginn jeder Spielrunde verlässt jedes Kind „sein Haus" und läuft durch das vorbereitete Dorf. Erzählen Sie dazu eine Begleitgeschichte:

<u>Beispielgeschichte zum Signal „14 Uhr" und „Mittagessen"</u>
Lehrer: „Ein regnerischer Tag hier in *(Stadt nennen)*. Es ist 13 Uhr und du kommst gerade aus der Schule. Der Tag war lang, du hast einen Mathetest geschrieben und bist einfach richtig geschafft *(Bringen Sie Bewegungsalternativen ein: läuft dabei schwerfällig und müde)* … Du schaust auf die Uhr. Es ist **14 Uhr** und endlich gibt es **Mittagessen**!" *(Alle Kinder müssen in ihr vorbereitetes Haus laufen).*

2 HÄUSER SUCHEN

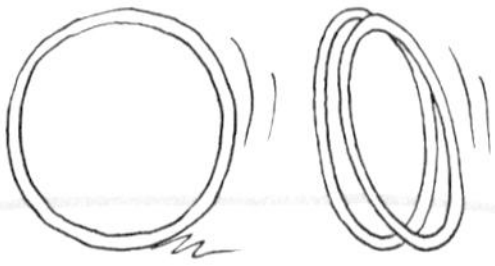

<u>Differenzierungsmöglichkeiten im Rahmen dieser Handlung:</u>

1. Abrissbirne: Sie, die Lehrperson, übernehmen die Rolle eines Bauarbeiters und haben die Aufgabe, in jeder Runde, während des Mittagessens, ein Haus abzureißen. Hierbei ist es wichtig, dass das Abreißen des Hauses (Wegnahme eines Reifen mit der Hausnummer) während des Mittagessens passiert, wenn das Kind in seinem Haus ist.
   Das Kind, dessen Haus abgerissen wurde, hat nun die Aufgabe, sich eine neue Unterkunft zu suchen. Hierfür muss es an ein anderes Haus klopfen und sich dort, mithilfe einer ausgedachten, kleinen Geschichte, Quartier erbitten.

   Tipp: Um die Kooperationsfähigkeit und das Rollenspiel der Kinder besonders zu fördern, können Sie den Kindern die Möglichkeit geben, sowohl zusagen als auch absagen zu dürfen.

2. Gerade und ungerade Hausnummern: Eine fächerübergreifende Spielidee wäre es, wenn Sie den Kindern die Aufgabe geben, sich nur in Häusern mit gerader oder ungerader Hausnummer zu treffen. So müssen sich beispielsweise Kinder mit gerader Hausnummer bei Häusern mit ungerader Hausnummer Einlass erbitten.

3. Farben: Anstatt Zahlen können Sie auch Farben verwenden. Eine Sortierung kann dann farbbezogen stattfinden.

4. Gruppengröße: Geben Sie eine bestimmte Gruppengröße vor, in der die Kinder sich in einem Haus treffen sollen.

   Tipp: Hierbei kann zusätzlich die Variante mit den Hausnummern eingebracht werden.

Wichtig:
Weisen Sie die Spieler wegen der Rutsch- und Verletzungsgefahr darauf hin, nicht auf die Reifenkanten zu treten.

3 DER KREISEL

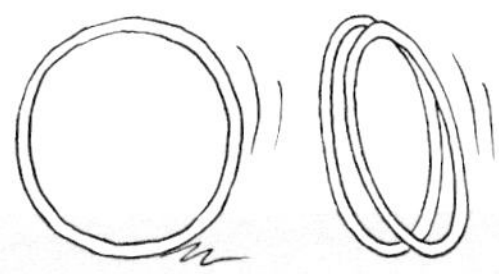

Lernziel: Orientierungsfähigkeit, Reaktionsfähigkeit, auditive Wahrnehmung
Einsatz: Stundenbeginn
Material: 1 Reifen
Zeit: 10 Minuten
Klassenstufen: 1–4

So geht's:
Alle Kinder stehen mit dem Gesicht zur Wand an der Grundlinie der Halle. Sie (die Lehrperson) stehen so neben bzw. am Rand, dass Sie und der Reifen nicht gesehen werden können. Sie halten den Reifen in der Hand, den Sie wie einen Kreisel auf der Stelle drehen lassen.
Die Aufgabe der Kinder ist es, loszulaufen und schnellstmöglich die gegenüberliegende Wand zu erreichen, sobald der Reifen wieder zum absoluten Stillstand gekommen ist. Dies ist also das Startsignal.
Der Reifen wird zunächst ausschließlich von Ihnen gedreht, um die auditive Wahrnehmung der Kinder zu schulen. Im Laufe der Zeit kann diese Aufgabe auch ein Schüler übernehmen.

Wichtig:
Da Kinder den Vorgang des Reifenfalles nicht sehen können, denn sie stehen ja mit dem Gesicht zur Wand, müssen sie sich besonders auf ihr Gehör konzentrieren und den Moment abpassen, bei dem der Reifen zum völligen Stillstand gekommen ist. Jedes Kind, das zu früh startet und den Stillstand nicht vollständig abgewartet hat, ist aus der Runde ausgeschieden.

4 WETTRENNEN GEGEN DEN REIFEN

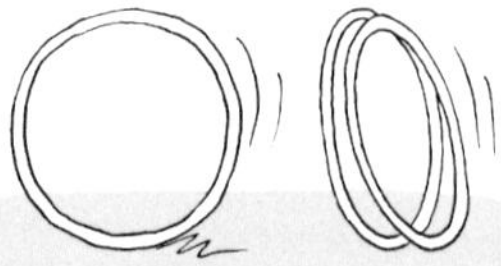

Lernziel: Reaktionsfähigkeit, Schnelligkeit
Einsatz: Stundenhauptteil
Material: pro Kind 1 Reifen
Zeit: 20 Minuten
Klassenstufen: 1–4

So geht's:

Alle Kinder stehen auf der Grundlinie. Jedes Kind ist im Besitz eines eigenen Reifens. Dieser wird von jedem Kind einmal angestoßen und soll möglichst weit rollen.
Nun beginnt ein Wettrennen gegen den Reifen. Wer ist schneller: der Reifen oder das Kind?

Variation:

Ziel ist es hierbei, auf jeden Fall die andere Wand zu erreichen. Hierfür dürfen die Kinder ihren Reifen auch während des Rollens mehrmals anstoßen.

5 WEGE LEGEN

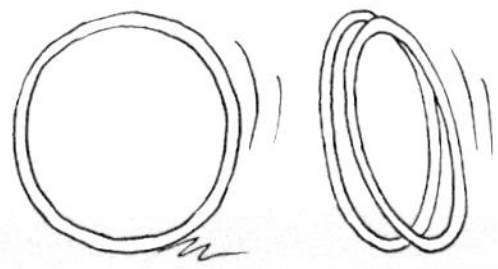

Lernziel: Kooperationsfähigkeit
Einsatz: Stundenhauptteil
Material: Reifen, Turnmatten, Stäbe, kleine Kästen oder Kastendeckel
Zeit: 20–30 Minuten
Klassenstufen: 1–4

So geht's:
Teilen Sie die Kinder in Gruppen ein (Gruppengröße ungefähr vier bis fünf Kinder). Jede Gruppe erhält mehrere Reifen.

Tipp: Geben Sie jeder Gruppe mindestens einen Reifen weniger, als Kinder in der Gruppe sind, damit eine Absprache unter den Gruppenmitgliedern stattfinden muss!

Legen Sie weiträumig verteilt in der Halle die Geräte aus, die von der gesamten Gruppe überquert werden müssen, z. B. kleine Kästen, Kastendeckel, Turnmatten mit Stäben unterlegt (labiler Untergrund) ... hier haben Sie verschiedene Möglichkeiten.

Markieren Sie einen Start, bei dem jede Gruppe beginnen muss, und ein Ziel, das jede Gruppe auch wieder gemeinsam erreichen muss, nachdem jedes Hindernis von der Gruppe gemeinsam überwunden wurde. Zur gemeinsamen Fortbewegung dürfen ausschließlich die Reifen verwendet werden: Dazu dürfen die Kinder nur in die Reifen treten. Der Hallenboden darf außerhalb der Reifen nicht betreten werden!

6 FROSCHTEICH

Lernziel: Sprungkraft, Ausdauer
Einsatz: Stundenhauptteil
Material: ca. 10 Reifen, 2–3 Weichbodenmatten
Zeit: 10–15 Minuten pro Durchgang
Klassenstufen: 1/2

So geht's:
Legen Sie mit Reifen einen kleinen Parcours. Der Abstand der Reifen sollte an das Alter und die Größe der Kinder angepasst sein und von den Kindern überwunden werden können. Legen Sie zwei bis drei Froschteiche (Weichbodenmatten) ebenfalls in den Parcours. Die Kinder haben nun die Aufgabe, den Parcours zu überwinden, indem sie ausschließlich springen wie Frösche.

Tipp: Da diese Aufgabe sehr anstrengend ist, sollten Sie die Größe Ihres Parcours nicht zu groß wählen.

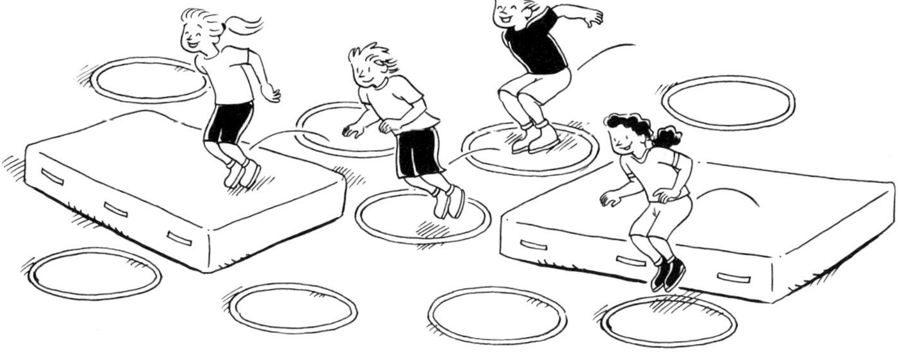

7 DER WANDERNDE REIFEN

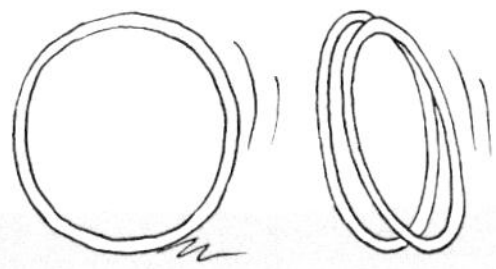

Lernziel: Kooperationsfähigkeit, Geschicklichkeit
Einsatz: Stundenbeginn oder -abschluss
Material: pro Gruppe 1 Reifen
Zeit: 10 Minuten
Klassenstufen: 1–4

So geht's:

Teilen Sie die Kinder in Gruppen ein (Gruppengröße ungefähr fünf bis sieben Kinder).
Die Gruppe steht im Kreis und hält sich dabei an den Händen.
Pro Gruppe gibt es einen Reifen.
Die Aufgabe jeder Gruppe ist nun, den Reifen weiterzugeben, ohne dabei die Hände zu benutzen. Zählen Sie die Runden, die jeder Reifen ohne die Hände geschafft hat.

8 *HULA HOOP*

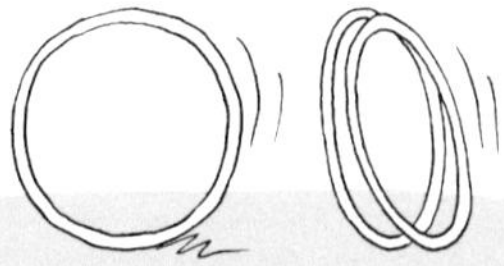

Lernziel: Geschicklichkeit
Einsatz: Stundenbeginn, Stundenhauptteil
Material: pro Kind 1 Reifen
Zeit: 10 Minuten pro Durchgang
Klassenstufen: 1–4

- **So geht's:**
Hula Hoop ist eine Geschicklichkeitsübung, bei der die Schüler versuchen, einen leichten Reifen um die Hüfte kreisen zu lassen.

  Gern wird diese Übung bei den Kindern als Dauer-Hula-Hoop in Wettkampfform gespielt: Wer schafft es am längsten?

- ***Variation:*** Lassen Sie die Kinder Kunststücke erfinden. Dazu können sie nur einen oder auch mehrere Reifen verwenden. Hula Hoop lässt sich nicht nur mit den Hüften, sondern auch mit den Armen und Beinen durchführen!

9 FANGEN MIT FREIMAL

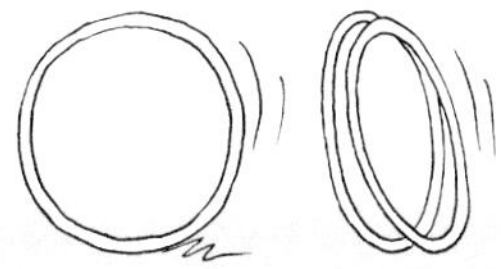

Lernziel: Ausdauer, Orientierungsfähigkeit
Einsatz: Stundenbeginn oder -abschluss
Material: Reifen, Parteibänder
Zeit: 10 Minuten
Klassenstufen: 1–4

So geht's:
Die durch Bänder markierten Fänger versuchen, einen Läufer abzuschlagen. Die Läufer können sich retten, indem sie zu einem Reifen laufen (Freimal). Der Reifen kann aber nur eine bestimmte Anzahl von Läufern aufnehmen. Bestimmen Sie die Zahl so, dass höchstens zwei bis drei Läufer der Klasse übrig bleiben. Sind mehrere Spieler auf einem „Freimal", so kann jeder „Bewohner" abgeschlagen werden. Die Abgeschlagenen bekommen von ihrem Fänger die Bänder und gehen im nächsten Durchgang auf Jagd.

10 KAMPF DER HÄHNE

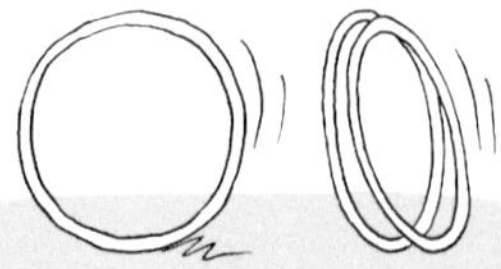

Lernziel: Kinästhetische Differenzierungsfähigkeit
Einsatz: Stundenhauptteil
Material: pro 2er-Gruppe 1 Reifen, ggf. Turnmatten
Zeit: 20–30 Minuten
Klassenstufen: 1–4

So geht's:
Jeweils zwei Schüler stehen sich gegenüber, zwischen ihnen liegt ein Reifen. Die Schüler dürfen sich nur an den Händen und Schultern berühren. Ziel ist es, den Gegner durch geschicktes Ziehen und Drücken mit den Händen in den Reifen zu zwingen. Sobald ein Fuß die Reifenkante oder den Boden innerhalb des Reifens berührt, folgt ein Wechsel.

Nehmen Sie nach ca. fünf Minuten einen Partnerwechsel vor.

Tipp: Ein Abschlusswettkampf vor der gesamten Klasse ist besonders motivierend!

Kapitel 2

Im Schrank liegen … *BÄLLE*

1 KILLERTOMATE

Lernziel: Kinästhetische Differenzierungsfähigkeit, Reaktionsfähigkeit
Einsatz: Stundenbeginn oder -abschluss
Material: 1 Riesenball oder Pezziball®
Zeit: 10 Minuten
Klassenstufen: 1–4

So geht's:
Alle Schüler sitzen um den Mittelkreis. Mit gestreckten Beinen berühren ihre Fersen die Kreismarkierung.
Die Mannschaften ergeben sich aus den Halbkreisen des Mittelkreises. Die Kinder sollten gleichermaßen auf beide Halbkreise verteilt auf der Linie sitzen. Aufgabe jeder Mannschaft ist es, den Ball aus dem Kreis zu schießen. Kann der Ball von der gegnerischen Mannschaft nicht mehr aufgehalten werden, zählt dies als Tor.

Zwei wichtige **Regeln** müssen die Spieler beachten:

1. Die „Killertomate“ (der Ball) wird im Spiel ausschließlich mit der Fußsohle gespielt, nicht mit der Spitze, damit der Ball keine Flugkraft entwickelt, sondern flach über den Boden rollt. Wird dies missachtet, wird der Spielzug von Ihnen abgepfiffen.

2. Die Hände dürfen zur Abwehr mit ins Spiel genommen werden, falls die Gefahr besteht, vom Ball „überrollt“ zu werden. Vorrangig wird der Ball jedoch mit den Füßen gespielt.

Wichtig:
* Das Kreisinnere sollte möglichst nicht betreten werden. Weisen Sie die Schüler zwischendurch immer wieder darauf hin!
* Brillen sollten auf jeden Fall abgesetzt werden!

2 BALLTREIBEN

Lernziel: Werfen, Kinästhetische Differenzierungsfähigkeit, Reaktionsfähigkeit, Schnelligkeit
Einsatz: Stundenbeginn oder -abschluss
Material: 1 Riesenball oder Pezziball®, pro Kind 1 Gymnastikball
Zeit: 10 Minuten
Klassenstufen: 1–4

So geht's:
Markieren Sie mithilfe der Bodenlinien ein Spielfeld, das aus zwei Hälften besteht. Die zwei gewählten Mannschaften stehen jeweils an den Grundlinien ihres Spielfeldes und sollen nun versuchen, durch gezielte Würfe mit den kleineren Bällen einen in der Mitte des Feldes liegenden Riesenball über die gegnerische Grundlinie zu treiben. Die Mannschaft, der es zuerst gelingt, erzielt einen Punkt.

Wichtig:
Lassen Sie die Kinder ihre Bälle erst zurückholen, wenn alle Kinder geworfen haben!

3 ROLLEN MIT DEM BALL

Lernziel: Kinästhetische Wahrnehmung, Selbstvertrauen
Einsatz: Stundenhauptteil
Material: Riesenball oder Pezziball® (so viele wie möglich, damit jedes Kind üben kann), mehrere Turnmatten
Zeit: 15–20 Minuten
Klassenstufen: 1–4

So geht's:
Legen Sie aus Turnmatten mehrere ausreichend lange Mattenbahnen. Die Aufgabe der Kinder ist es nun, sich um einen Riesenball zu klammern und mit ihm zusammen vorwärtszurollen.

Die Turnmatten sind wichtig, damit das Rollen auf dem festen Boden nicht schmerzhaft wird und die Kinder abgesichert sind.

Es benötigt etwas Zeit, bis die Kinder sich trauen, mit dem Ball vollständig kopfüber zu rollen. Helfen Sie ihnen anfangs dabei, indem Sie Hilfestellung geben.

Wichtig:
Lassen Sie die Kinder pro Mattenbahn nur in eine Richtung üben, damit Zusammenstöße verhindert werden!

4 BALANCIEREN

Lernziel: Gleichgewichtsfähigkeit
Einsatz: Stundenhauptteil
Material: Medizinbälle
Zeit: 15–20 Minuten
Klassenstufen: 1–4

So geht's:
Die Kinder versuchen, auf einem Medizinball zu balancieren. Dafür ziehen sie ihre Schuhe und auch die Socken aus.

Der Schwierigkeitsgrad ergibt sich aus der Größe der Bälle und dem Material, aus dem die Bälle bestehen. Medizinbälle aus Leder haben den Vorteil, dass sich das Leder den Füßen gut anpasst und das Stehen darauf vereinfacht.

Bei dieser Übung sind der Fantasie für kleine Kunststücke keine Grenzen gesetzt! Lassen Sie die Kinder experimentieren und ihre Kunststücke den anderen vorführen.

5 SCHATZINSEL

Lernziel: Kraftaufbau, Selbstvertrauen
Einsatz: Stundenbeginn
Material: pro 2er-Gruppe 1 Turnmatte und 1 Medizinball, Musik
Zeit: ca. 15 Minuten
Klassenstufen: 3/4

So geht's:

Legen Sie in der Halle für je zwei Kinder eine Turnmatte (Insel) aus, auf der ein Medizinball (Schatz) liegt. Die Kinder laufen zur Musik um die Matten. Sobald die Musik stoppt, versucht jedes Kind, einen Schatz zu erobern (der Ball muss auf allen vieren in Bankstellung umklammert werden). Dabei dürfen immer nur zwei Kinder auf einer Insel sein. Kommt ein Kind als zweites auf die Insel (der Schatz wurde bereits von einem anderen erobert), hat es etwa 30 Sekunden Zeit, den Schatz zu erobern: Hierzu versucht es, das Kind mit dem Ball auf den Rücken zu drehen. Schafft es das Kind nicht, siegt das Kind, das den Ball umklammert hält. Sobald die Musik ertönt, ist der Kampf unabhängig von seinem Ausgang vorbei und die Kinder laufen wieder durch die Halle, um beim nächsten Musikstopp einen neuen Schatz zu erobern usw.. Die erste Spielphase umfasst ca. fünf Kampf- und Laufsituationen. Stoppen Sie danach das Spiel und schließen Sie eine kurze Zwischenreflexion an:

- ➜ Gab es Regelverstöße, wenn ja, welcher Art?
- ➜ Sollen wir Regeln verändern und neu vereinbaren?

Danach folgen wieder zwei Spielphasen, die jeweils drei bis vier Kampfphasen beinhalten sollten.

Wichtig:
Vereinbaren Sie ein Stopp-Signal für die Kampfsituationen.

6 BOCCIA

Lernziel: Zielwerfen und -stoßen
Einsatz: Stundenhauptteil
Material: Medizinbälle in Gruppenstärke, pro Gruppe 1 Tennisball
Zeit: 10 Minuten pro Durchgang
Klassenstufen: 1–4

So geht's:

Beim Boccia-Spiel geht es darum, seine eigene Kugel (den Medizinball) möglichst nah an eine kleinere Zielkugel (Tennisball) zu platzieren bzw. die gegnerischen Kugeln von der Zielkugel wegzuschießen.

Der Medizinball eignet sich als „eigene Kugel", da er nach dem Wurf nicht mehr selbstständig weiterrollt, sondern ziemlich genau dort liegen bleibt, wo er gelandet ist.

Je nach Einsatzzweck, teilen Sie hierzu Ihre Klasse in mehrere Gruppen ein oder Sie bieten dieses Spiel als eine Station im Rahmen der Einheit von Werfen/Zielwerfen an. Die Anzahl der Kinder, die sich mit einer Zielkugel beschäftigen, sollte fünf nicht überschreiten. Größtenteils hängt die Gruppengröße von Ihrem Bestand an Medizinbällen ab!

Variation:

Dieses Spiel können Sie mit wasserfesten Bällen auch gut draußen spielen.

7 BALLJAGD

Lernziel: Reaktionsfähigkeit, Auge-Hand-Koordination, Schnelligkeit
Einsatz: Stundenbeginn
Material: 2–4 Schlaufenbälle, ggf. weitere Bälle
Zeit: ca. 5 Minuten
Klassenstufen: 1–4

So geht's:

Setzen Sie sich mit Ihrer Klasse im Mittelkreis der Halle zusammen. Geben Sie zunächst einen Schlaufenball „ins Rennen" und durchlaufen Sie eine Proberunde, um sich an den Ball zu gewöhnen und das Greifen der Schlaufen zu erproben. Dazu werfen die Kinder den Ball jeweils an ihren rechten Nachbarn weiter.
Stellen Sie sich nun mit den Kindern im Kreis auf. Nehmen Sie den zweiten Schlaufenball mit ins Spiel und geben Sie die Wurfrichtung (rechts oder links) vor. Die beiden Bälle müssen im Kreis herumgeworfen werden, mit dem Ziel, dass der eine den anderen überholt.
Sollte dieses Spiel gut laufen, geben Sie ein weiteres Paar Bälle hinzu, dies können andersformatige Bälle sein, die sich in Form und Struktur von den Schlaufenbällen abheben.

8 NUMMERN-BALL

Lernziel: Werfen und Fangen, Orientierungsfähigkeit, Reaktionsfähigkeit
Einsatz: Stundenbeginn oder Stundenhauptteil
Material: pro 5er-Gruppe 1 Schlaufenball, ggf. Pylonen
Zeit: 10 Minuten pro Durchgang
Klassenstufe: 1–4

So geht's:

Eine Gruppe von fünf Spielern läuft kreuz und quer durchs Spielfeld und spielt sich den Schlaufenball in einer bestimmten Reihenfolge zu (1-2-3-4-5-1-...).

Variationen:

➜ Zuspiel durch Werfen und Fangen: Bodenpass, Brustpass, beidarmiger Wurf von unten etc.
➜ Nachdem der Ball abgespielt wurde macht der Spieler eine Zusatzaufgabe, z. B. Pylonen berühren; Drehung um die eigene Achse etc.

9 NAMEN-BALL

Lernziel:	Werfen und Fangen, Merkfähigkeit, Orientierungsfähigkeit
Einsatz:	Stundenabschluss
Material:	1 Softball
Zeit:	10 Minuten pro Durchgang
Klassenstufe:	1–4

So geht's:

Alle Kinder stellen sich im Kreis auf. Ein Kind hat den Ball in der Hand. Es wirft den Ball einem anderen Kind zu und ruft laut dessen Namen. Der Zweite wirft den Ball einem dritten Kind zu und nennt wieder den Namen. Dies wird so lange durchgeführt, bis jeder den Ball einmal berührt hat. Dann sucht sich jeder einen neuen Platz im Kreis und die Kinder versuchen, dieselbe Reihenfolge (Wurf und Namensnennung) wie beim ersten Spiel zu spielen.

10 HEISSE KARTOFFEL

Lernziel: Auge-Hand-Koordination, Reaktionsfähigkeit, Kinästhetische Differenzierungsfähigkeit
Einsatz: Stundenabschluss
Material: 1 Softball, ggf. Softbälle in unterschiedlichen Größen
Zeit: 10 Minuten pro Durchgang
Klassenstufe: 1–4

So geht's:

Alle Kinder sitzen auf der Mittelkreislinie. Ein Kind bekommt den Ball („heiße Kartoffel"). Die Aufgabe aller ist es nun, den Ball möglichst schnell wegzuschlagen, sonst verbrennt man sich an der „heißen Kartoffel".

Zur Vorbereitung auf die Rückschlagspiele können Sie den Kindern zeigen, wie man den Ball mit der flachen Hand (Vor- und Rückhand-Schlag) spielt.
Springt eine Kartoffel aus dem Topf (Kreis), gibt es einen Pfefferpunkt für die Kartoffel.

Variation:

Immer mehr „Kartoffeln" werden in die Pfanne gegeben. Damit wird das Spiel zu einer spannenden Herausforderung. Nehmen Sie hier Softbälle in unterschiedlichen Größen, um die Anforderungen zu steigern.

Kapitel 3

Im Schrank stehen ...
PYLONEN UND CO.

1 ZAUBERWALD

Lernziel: Orientierungsfähigkeit, Kraft, Ausdauer, Kooperationsfähigkeit
Einsatz: Stundenhauptteil
Material: ca. 20 Pylonen, 10 große Motivkarten (in doppelter Ausführung in DIN A5)
Zeit: 10 Minuten pro Durchgang
Klassenstufe: 1–4

So geht's:

Dieses Spiel ist angelehnt an ein bekanntes Brettspiel namens „Sagaland" und eignet sich ebenfalls hervorragend für die Turnhalle. Mit vielen Pylonen und mehreren Durchgängen kann dieses Spiel stundenfüllend sein.

Für den Spielverlauf benötigen Sie, wie vom Brettspiel bereits bekannt, ca. 20 Pylonen. Jede Pylone hat die Funktion eines Tannenbaumes, unter dem ein Motiv versteckt wird. Für die Motive eignen sich beispielsweise große Memory®-Karten, da diese bereits in doppelter Ausführung vorhanden sind. Je größer die Motive auf den Karten sind, desto besser sind diese erkennbar. Verteilen Sie nun die Pylonen frei im Feld, am besten im hinteren Drittel der Halle, damit die Kinder einen gewissen Laufweg zurücklegen müssen. Bedenken Sie, je unsortierter Sie die Pylonen verteilt haben, desto schwieriger wird es für die Kinder, sich zu merken, welche Pylone nun gemeint ist. Verstecken Sie nun je ein Motiv der Kartenpaare unter den Pylonen, die passenden Gegenstücke behalten Sie in der Hand. Teilen Sie Ihre Gruppe in mehrere Kleingruppen ein (zwei bis drei Mannschaften bieten sich an, damit Sie das Feld gut beobachten können). Stellen Sie an die Grundlinie für jede Mannschaft je eine Pylone als sichtbaren Start- und Endpunkt auf, von hier aus läuft immer ein Kind los.

1 ZAUBERWALD

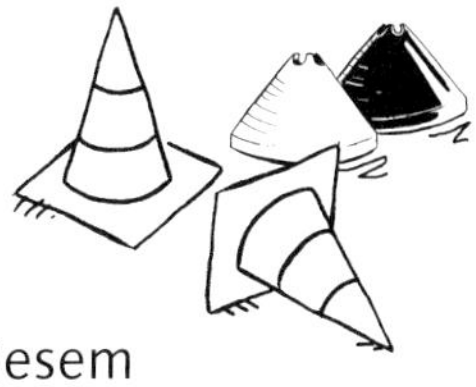

Ihre Aufgabe als Lehrperson besteht nun darin, in diesem Spiel das gesuchte Motiv hochzuhalten, damit die jeweiligen Mannschaften wissen, welches Motiv gesucht wird. Hierfür positionieren Sie sich für alle gut sichtbar mit dem Stapel der doppelten Motive in der Halle und halten jeweils das gesuchte Motiv hoch: Bei drei Mannschaften halten Sie drei Motive hoch.
Pro Mannschaft darf immer nur ein Schüler loslaufen und jeweils nur einen Tannenbaum hochheben. Geben Sie nun ein Startzeichen, damit der erste Läufer der Mannschaft loslaufen kann.
Die Mannschaft, die als erste das gesuchte Motiv gefunden hat, erhält das Motivpärchen und damit einen Punkt. Eine neue Runde beginnt nach dem gleichen Prinzip. Das Spiel endet, wenn alle Motive gefunden wurden. Die Mannschaft, die am Schluss die meisten Punkte erlaufen hat, gewinnt das Spiel.

2 SECHSTAGERENNEN

Lernziel: Orientierungsfähigkeit, Kraft, Ausdauer, Kooperationsfähigkeit
Einsatz: Stundenbeginn oder Stundenhauptteil
Material: 4 Pylonen, 2 Staffel-Stäbe, eventuell Langbänke
Zeit: 10 Minuten pro Durchgang
Klassenstufe: 1–4

So geht's:

Markieren Sie mithilfe der vier Pylonen ein Rechteck, indem Sie jeweils an den Ecken der vorgegebenen Hallenlinien eine Pylone aufstellen (z. B. Volleyballfeld o. Ä., je größer das Feld ist, desto größer ist die Runde, die die Kinder laufen müssen).
Teilen Sie die Kinder in zwei gleich große und vor allem leistungsgleiche Mannschaften ein. Jede Mannschaft stellt sich dicht an der Wand auf, damit Platz zum Laufen bleibt. Hilfreich ist für jede Mannschaft eine Bank, auf der die Kinder sitzen können, damit keiner den Lauf der Kinder stört.
Mannschaft 1 stellt sich an Pylone 1 auf, Mannschaft 2 stellt sich diagonal gegenüber an Pylone 3 auf.
Beide Mannschaften haben einen Staffelstab, der beim Abschlagen überreicht werden muss. Der erste Läufer stellt sich mit dem Staffelstab in der Hand an der Pylone auf und wartet auf das Startsignal. Nach dem Startsignal startet der erste Läufer jeder Mannschaft und läuft eine Runde. Dabei ist es wichtig, dass außen an den Pylonen vorbeigelaufen wird. Wer den Weg abkürzt, muss neu starten!

Sobald der Gegner am eigenen Aufstellplatz vorbeigelaufen ist, darf sich der nächste Läufer an der Pylone aufstellen. Somit wird ein fließender Übergang ermöglicht. Der Läufer darf sich nicht

2 SECHS TAGE RENNEN

vorher aufstellen, damit er dem Gegner nicht im Weg steht. Ist eine volle Runde gelaufen, wird im Lauf der Stab übergeben und der Nächste läuft los.

Ziel des Spieles ist für jede Mannschaft, mit einem Läufer den gegnerischen Läufer zu überholen (Antippen gilt als eingeholt). Die erste Mannschaft, die das schafft, hat gewonnen.

3 PYLONENWERFEN

Lernziel: Zielwerfen, Kraft, Wurfkraft
Einsatz: Stundenhauptteil
Material: 6 Pylonen, 1 großer Kasten, 1 Seil oder Klebeband, Tennisbälle
Zeit: 5–10 Minuten pro Durchgang
Klassenstufe: 1–3

So geht's:
Das Spiel funktioniert wie Dosenwerfen. Auf einem Kasten werden sechs Pylonen aufgestellt. Markieren Sie in einem Mindestabstand von 2 bis 3 m vor dem Kasten die Abwurflinie mit einem Seil oder Klebeband. Je weiter diese vom Kasten entfernt ist, desto höher wird der Schwierigkeitsgrad. Da sich dieses Spiel als eine Station im Rahmen zum Thema „Werfen" anbietet, sollte die Anzahl der Kinder an dieser Station nicht mehr als sechs sein.

Tipp: Benennen Sie zwei „Helfer", die an der Station bleiben, um die umgefallenen Pylonen wieder aufzustellen und die Tennisbälle zurückzugeben.

4 RINGWERFEN

Lernziel:	Zielwerfen, Kinästhetische Differenzierungsfähigkeit, Wurfkraft
Einsatz:	Stundenhauptteil
Material:	6 Pylonen, große Wurfringe oder Reifen, ggf. Zahlenkarten von 1–5
Zeit:	5–10 Minuten pro Durchgang
Klassenstufe:	1–3

So geht's:

Dieses Spiel kann als Station zum Thema „Werfen" genutzt werden. Stellen Sie hierfür fünf Pylonen hintereinander, in einem Abstand von 0,5 bis 1 m auf (je nach Altersstufe und Schwierigkeitsgrad). Neben jede Pylone wird eine Zahlenkarte gelegt, die die Punktzahl angibt. Die am weitesten entfernte Pylone bekommt die Zahlenkarte 5, die am nächsten liegende Pylone die Zahlenkarte 1.

Die sechste Pylone dient als Abwurfmarkierung.

Die Kinder versuchen nun, von der Abwurf-Pylone aus den Wurfring auf die Pylone zu werfen. Welches Kind wirft die meisten Punkte?

Tipp: Benennen Sie einen „Helfer", der an der Station bleibt, um die umgefallenen Pylonen wieder aufzustellen.

5 ZIELWERFEN

Lernziel: Zielwerfen, Kinästhetische Differenzierungsfähigkeit
Einsatz: Stundenhauptteil
Material: 6 Pylonen, mindestens 3 kleine, leichte Bälle, Sprossenwand
Zeit: 5–10 Minuten pro Durchgang
Klassenstufe: 1–3

So geht's:
Klemmen Sie fünf Pylonen in gleichem Abstand übereinander in eine Sprossenwand, sodass die Öffnung nach oben zeigt.

Eine Pylone steht vor der Sprossenwand und dient als Abstandsmarkierung, von der aus die Kinder mit einem kleinen, leichten Ball versuchen, die Öffnung der Pylonen zu treffen. Je höher die Pylone in der Sprossenwand hängt, desto schwieriger ist es, mit angemessener Kraft zu treffen.

Gezählt werden nur die Würfe, bei denen der Ball in der Pylone bleibt.

Tipp: Benennen Sie zwei „Helfer", die an der Station bleiben, um die heruntergefallenen Pylonen wieder einzuklemmen oder Bälle wieder an die Werfer zurückzugeben.

6 KEGELN

Lernziel: Zielrollen, Kinästhetische Differenzierungsfähigkeit
Einsatz: Stundenhauptteil
Material: 9 Pylonen, 1 Gymnastikball
Zeit: 10 Minuten pro Durchgang
Klassenstufe: 1/2

So geht's:
Jedes Kind weiß, wie man kegelt. Im Gegensatz zu den Keulen, haben Pylonen eine sehr viel größere Standfläche und damit Stabilität. Während Keulen oftmals bei kleinen Bewegungen umfallen, benötigen Pylonen eine weitaus größere Kraft, um wirklich umzufallen. Daher eignet sich als Kugel ein Gymnastikball, da er sich gut rollen lässt, eine sichere Rolllinie aufweist und für Kinderhände leicht handhabbar ist.

Stellen Sie die neun Pylonen pyramidenartig auf und markieren sie eine Startlinie, von der aus die Kinder ihre Kugel losrollen. Jedes Kind hat zwei Versuche, um „alle Neune" zu treffen. Es werden alle umgeworfenen „Kegel" gezählt. Danach wird gewechselt.

7 PYLONEN-CHALLENGE

Lernziel: Zielwerfen, Kinästhetische Differenzierungsfähigkeit
Einsatz: Stundenhauptteil
Material: pro 2er-Gruppe 2 gleichfarbige Pylonen und 1 Reifen
Zeit: 10 Minuten pro Durchgang
Klassenstufe: 3/4

So geht's:
Bei diesem Spiel spielen zwei Teams gegeneinander. Jedes Team besteht aus zwei Spielern, die zwei gleichfarbige Pylonen bekommen (Team 1 bekommt z. B. zwei rote und Team 2 bekommt zwei blaue Pylonen). Pro Spiel steht ein Reifen zur Verfügung.

Zu Beginn jeder Runde wird der Reifen angestoßen und sollte ins Rollen gebracht werden. Beide Teams laufen während des Rollweges unentwegt um den Reifen herum und beobachten den Lauf und vor allem den Fall des Reifens. Der wichtigste Moment des Spieles ist der Moment des Fallens. Jetzt besteht die Aufgabe jedes Spielers darin, seine Pylone rechtzeitig unter den fallenden Reifen zu platzieren, sodass seine Pylone zum Zeitpunkt des Falles im Reifen steht. Dabei darf nicht über den Reifen in die Mitte platziert werden.

Das Wegschieben einer gegnerischen Pylone ist erlaubt!
Gewonnen hat das Team, das die meisten Pylonen im Reifen platziert hat.

Tipp: Wechseln Sie auch die Teams untereinander aus, sodass eine witzige Challenge entsteht.

8 VOR, VOR, ZURÜCK

Lernziel: Sprungkraft, Rhythmusfähigkeit, Schnelligkeit, Umstellungsfähigkeit, Geschicklichkeit
Einsatz: Stundenhauptteil
Material: ca. 20 Markierhauben, 10 Gymnastikstäbe
Zeit: 10 Minuten pro Durchgang
Klassenstufe: 3/4

So geht's:
Markierhauben haben oben an der schmalen Öffnung meistens vier kleine Kerben, die dazu dienen, Gymnastikstäbe abzulegen. Bauen Sie kleine Hürden aus je zwei Markierhauben und einem Gymnastikstab. Acht bis zehn Hürden stellen Sie in einem Mindestabstand von 1 m hintereinander auf. Die Aufgabe der Kinder ist nun, im Rhythmus „vor – vor – zurück" über die Stäbe zu springen. Dies kann mit beiden Füßen gleichzeitig erfolgen oder aber im Wechselschritt (1, 2 …1, 2 …). Wichtig hierbei ist es, dass immer beide Füße den Zwischenraum betreten, nicht nur ein Fuß.

Wichtig:
Halten Sie die Kinder dazu an, die Sprünge weich abzufedern, damit kein lautes Stampfen entsteht.

9 DOPPEL- UND DREIFACH-TOR

Lernziel: Orientierungsfähigkeit, Reaktionsfähigkeit, Schnelligkeit, Geschicklichkeit
Einsatz: Stundenhauptteil
Material: pro Tor 2 Markierhauben, 1 Ball, Parteibänder
Zeit: 10 Minuten pro Durchgang
Klassenstufe: 3/4

So geht's:

Führen Sie diese Form des Fußballspiels als Zeitspiel (fünf Minuten) durch. Es spielen zwei Mannschaften gegeneinander, die sich farblich, z. B. durch Parteibänder, voneinander unterscheiden sollten. Entscheiden Sie gemeinsam mit Ihrer Lerngruppe, wie viele Tore Sie aufstellen möchten.
Um das Spiel zu verstehen, bietet es sich an, zunächst vier Tore aufzustellen, die Sie möglichst nahe am Rand der Halle verteilen (jeweils an den Kopfseiten und auf jeder Seitenlinie). Die Größe des Tores sollte zunächst nicht größer als 1 bis 1,5 m sein.

Teilen Sie die Lerngruppe in zwei Mannschaften ein. Mannschaft 1 steht komplett auf dem Feld und hat die Aufgabe, in der vorgegebenen Zeit möglichst viele Tore zu schießen.
Mannschaft 2 wählt die Anzahl der Torwarte, die aber im Laufe der fünf Minuten auch ausgewechselt werden können. Alle Spieler der Mannschaft 2, Torwarte sowie Feldspieler, haben die Aufgabe, die Ballangriffe sowie Torschüsse abzuwehren und damit fallende Tore zu verhindern. Mannschaft 2 kann Zeit gewinnen, indem sie sich bei Ballgewinn geschickt zuspielt, es bleibt ihnen ausschließlich ein Torangriff verwehrt. Nach gespielten fünf Minuten wird gewechselt.

Variation:

Der Schwierigkeitsgrad erhöht sich automatisch mit der steigenden Anzahl der Tore.

10 HASE IN DEN BAU

Lernziel: Schnelligkeit, Reaktionsfähigkeit
Einsatz: Stundenbeginn oder Stundenabschluss
Material: 10–15 Pylonen, Tamburin oder Pfeife
Zeit: 10 Minuten pro Durchgang
Klassenstufe: 1–4

So geht's:
Die Kinder stellen sich im Kreis auf. Sie bilden einen Innen- und einen Außenkreis. Der Außenkreis sollte zahlenmäßig größer (plus ca. drei Kinder) sein als der Innenkreis. Stecken Sie mithilfe der Pylonen den Innenkreis ab (zwischen jedes Kind eine Pylone), damit die Kinder eine visuelle Orientierung haben und eine seitliche Grenze spüren, die nicht überschritten werden darf. Somit bleibt die Struktur des Kreises einfacher erhalten und macht einen Wechsel des Innen- und Außenkreises einfacher. Die Kinder im Innenkreis befinden sich im Grätschstand und stellen das Höhlenloch zum Hasenbau dar.
Die Kinder im Außenkreis (die Hasen) laufen um den Innenkreis herum. Auf ein Signal, das Sie z. B. mit einer Pfeife, einem Tamburin oder einem anderen akustischen Signal geben, versuchen die Hasen, durch ein Höhlenloch in den Bau zu schlüpfen. Dabei darf durch jedes Höhlenloch nur ein Hase schlüpfen. Am Ende einer Runde bleiben immer einige Hasen draußen stehen, die ihr Glück aber in der nächsten Runde versuchen können.

Wichtig:
Halten Sie die „Hasen" zur Vorsicht an, damit sie während des Versuchs, in den Innenkreis zu gelangen, nicht mit den Köpfen zusammenstoßen!

10 HASE IN DEN BAU

Variation: Die Falle schnappt zu

Die Aufstellung der Kinder im Innen- und Außenkreis bleibt erhalten, die zahlenmäßige Überlegenheit der Kinder im Außenkreis ebenfalls. Der Innenkreis steht im Grätschstand und die Kinder stellen offene Türen des Hasenbaus dar. Nun geben Sie den Kindern zwei verschiedene Kommandos:

- „Häschen tanzt": Alle Hasen springen und tanzen um den Bau herum, schlüpfen ins Loch und wieder heraus und laufen munter rein und raus.
- „Falle": Beim Kommando „Falle" schnappt die Falle zu, d.h., die Kinder des Innenkreises verschließen durch ein Überkreuzen der Arme ihre Höhle, sodass kein Hase mehr aus dem Bau kommen kann.

Für das Ende des Spieles gibt es zwei Möglichkeiten:

- Entweder müssen die gefangenen Hasen mit dem Innenkreis tauschen und stellen jetzt den Höhleneingang dar. Oder:
- Die gefangenen Hasen gehen mit in den Innenkreis, sodass die Anzahl der Höhlen immer größer wird und die Anzahl der Hasen sinkt. Die Runde endet, wenn alle Hasen gefangen wurden.

Kapitel 4

Im Schrank liegen ... *FRISBEES*

1 PASS-VARIATIONEN

Lernziel:	Auge-Hand-Koordination, Werfen und Fangen
Einsatz:	Stundenbeginn
Material:	pro 2er-Gruppe bzw. 3er-Gruppe 1 Frisbeescheibe
Zeit:	5 Minuten pro Durchgang
Klassenstufe:	2–4

So geht's:

Als Einführung ins Frisbeespielen und zur Übung der Grundwurftechniken „Backhand" (Rückhand Wurf) und „Sidearm" (Vorhand Wurf) empfiehlt es sich, die Kinder erst einmal passen zu lassen. Dabei können Sie unterschiedliche, kleine Aufgaben stellen, z. B.:

- ➜ In 2er-Gruppen: Zwei Schüler stehen sich im Abstand von 3 bis 6 m gegenüber. Gezählt werden die Würfe, die sie gemeinsam innerhalb von zwei Minuten schaffen, ohne dass die Frisbeescheibe auf den Boden fällt.
- ➜ Im Dreieck: Drei Schüler passen sich die Frisbeescheibe im Dreieck zu. Auf Kommando (Pfiff) muss die Richtung gewechselt werden. Wie viele Würfe kann jede Gruppe korrekt fangen?

RÜCKHAND WURF

VORHAND WURF

2 SCHWEINCHEN IN DER MITTE

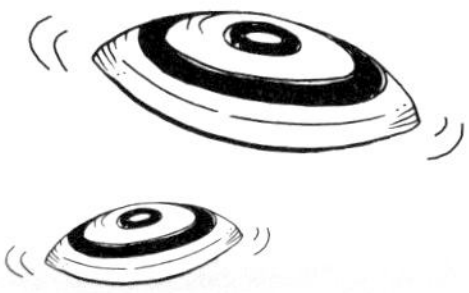

Lernziel: Auge-Hand-Koordination, Werfen und Fangen
Einsatz: Stundenbeginn
Material: 10 Frisbeescheiben
Zeit: 10 Minuten pro Durchgang
Klassenstufe: 3/4

So geht's:

„Schweinchen in der Mitte" (zu dritt oder mehr) ist schon immer ein beliebtes Kinderspiel gewesen, das sich für jeden Ort eignet und auch mit der Frisbeescheibe funktioniert.
Die Aufgabe der Kinder besteht darin, durch Antäuschen (links/rechts) an der Person in der Mitte vorbei zum Gegenüber zu spielen. Achten Sie darauf, dass die Zuspiele nicht unerreichbar werden, z. B. durch zu hohe Pässe. Geben Sie daher die Regel vor, dass der Pass die Größe der Kinder nicht überschreiten darf. Sobald das Kind in der Mitte die Scheibe (z. B. 6-mal) gefangen hat oder die anderen (sechs) Fehler gemacht haben, wird getauscht.

Tipps:

- → Erhöhen Sie gegebenenfalls die Anzahl der Fänger.
- → Lassen Sie die Kinder den Sternschritt zum Täuschen und Umspielen einsetzen.

3 FRISBEE-BRENNBALL

Lernziel: Auge-Hand-Koordination, Werfen und Fangen
Einsatz: Stundenhauptteil
Material: 1 Frisbeescheibe, 4 Turnmatten
Zeit: 30 Minuten
Klassenstufe: 3/4

So geht's:

Beim Frisbee-Brennball gelten dieselben Regeln wie beim Brennball-Spiel. Lediglich das Wurfmaterial wird durch eine Frisbeescheibe ersetzt. Beim Frisbee-Brennball gibt es zwei Mannschaften: eine Läufermannschaft und eine Feldmannschaft. Das Spielfeld ist rechteckig, es befinden sich mindestens vier Freimale (Turnmatten) auf dem Feld. Jeweils ein Spieler der Laufmannschaft muss die Frisbeescheibe in das Feld werfen und versuchen, ein Freimal zu erreichen. Die Feldmannschaft kann dies verhindern, indem sie schnell die Frisbeescheibe zu einem ausgemachten Punkt (z. B. Mittelkreis) spielt. Beim nächsten Werfer können weitere Freimale erlaufen werden. Sind alle Freimale einmal erreicht worden, gibt es einen Punkt. Wird die Frisbeescheibe vorher zum „Brenner“, also zum Mittelkreis gespielt, ist der Läufer „verbrannt“.

Jeder Spieler der Laufmannschaft darf einmal werfen, dann wechseln die Rollen zwischen Feld- und Laufmannschaft.

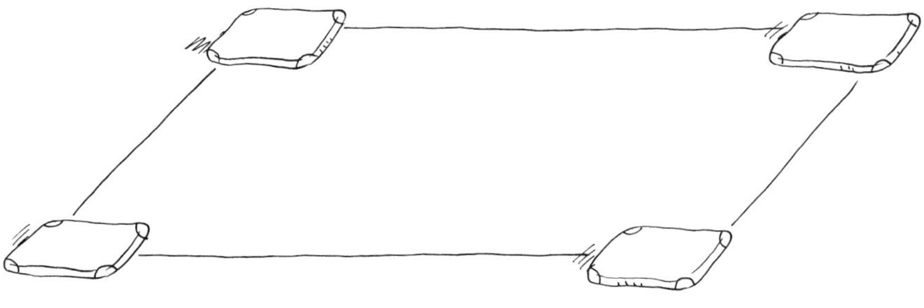

4 FRISBEE-KROCKET

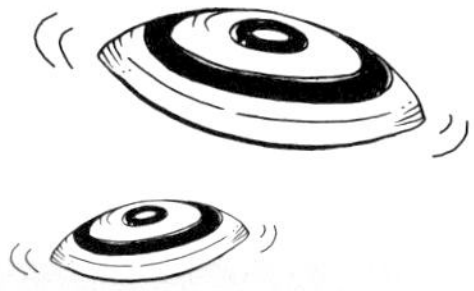

Lernziel: Auge-Hand-Koordination, Werfen
Einsatz: Stundenhauptteil
Material: pro Kind 1 Frisbeescheibe, 5–10 Stangentore
Zeit: 30 Minuten
Klassenstufe: 3/4

So geht's:
Wie beim normalen Krocket wird auch hier ein Stangentor-Parcours aufgebaut. Ziel des Spiels ist es, als Erster seine Frisbeescheibe in einer bestimmten Richtung durch alle Tore zu spielen. Die Spieler sind abwechselnd am Zug. Beim ersten Spielzug spielen die Kinder die Frisbeescheibe von der Startlinie aus ins Feld. Anschließend muss die Frisbeescheibe immer von ihrem aktuellen Landeplatz aus weitergespielt werden.

Tipp: Hierbei kann die typische Bogen-Flugkurve der Frisbeescheibe einen hohen Anreiz zur Technikschulung bieten.

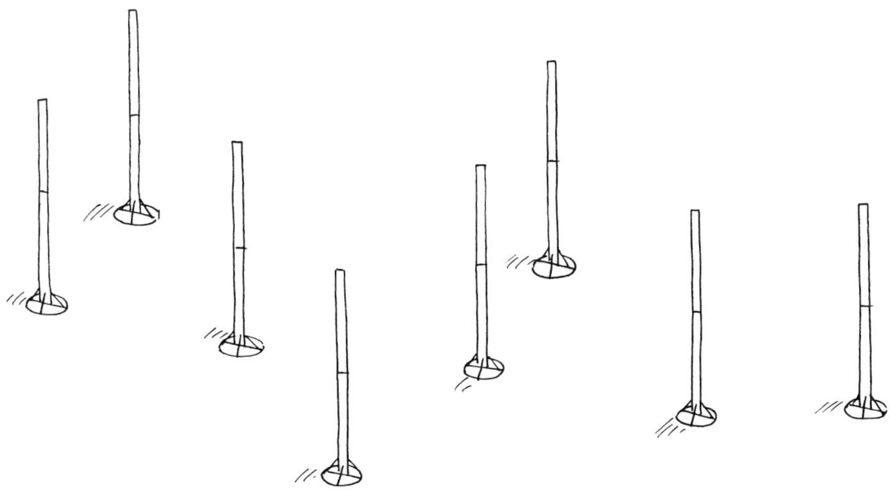

5 *FRISBEE-PENDEL-STAFFEL*

Lernziel: Auge-Hand-Koordination, Werfen und Fangen
Einsatz: Stundenbeginn
Material: Frisbeescheiben
Zeit: 10 Minuten
Klassenstufe: 3/4

So geht's:
Die Pendel-Staffel können Sie als reine Übung oder als Wettkampf gegeneinander spielen.

Teilen Sie die Gruppe in drei bis vier Mannschaften ein. Eine Mannschaft besteht aus vier bis acht Spielern, die sich in zwei Gruppen in einem Abstand von 3 bis 5 m gegenüber aufstellen.

Der erste Spieler von Seite A wirft die Frisbeescheibe zu seinem gegenüberstehenden Mannschaftskameraden auf die Seite B. Nach seinem Wurf läuft der erste Spieler seiner geworfenen Scheibe hinterher auf Seite B und stellt sich hinten an.

Der erste Spieler von Seite B versucht, die geworfene Scheibe zu fangen, um sie anschließend wieder zur Seite A zu werfen und ihr hinterherzulaufen usw.

6 *HECHTSPRUNG*

Lernziel:	Reaktionsfähigkeit, Orientierungsfähigkeit, Motivation
Einsatz:	Stundenabschluss
Material:	1 Frisbeescheibe, 1 Weichbodenmatte, ggf. 1 Fotoapparat
Zeit:	10 Minuten
Klassenstufe:	3/4

So geht's:

Die Frisbeescheibe wird von Ihnen so über eine Weichbodenmatte geworfen, dass der Fänger sie mit einem Hechtsprung in der Luft fliegend fangen muss, um danach auf der Matte zu landen.

Tipp: Dieses „Fun-Spiel" macht den Schülern sehr viel Spaß und eignet sich hervorragend für spektakuläre Flug-Fotos.

7 WACHTURM

Lernziel: Auge-Hand-Koordination, Werfen und Fangen
Einsatz: Stundenhauptteil
Material: 1 Frisbeescheibe, 2 kleine Kästen, 10–15 Pylonen, ggf. Parteibänder
Zeit: 30 Minuten
Klassenstufe: 3/4

So geht's:

Es gibt zwei Mannschaften mit jeweils einem „Turmwächter". Der Turmwächter steht jeweils auf einem kleinen Kasten. Der Kasten befindet sich in einem Kreis aus Pylonen, der nicht betreten werden darf.
Die Mannschaften versuchen nun, die Frisbeescheibe durch das gegnerische Feld zu ihrem eigenen „Turmwächter" zu werfen.
Dabei dürfen die Spieler mit der Frisbeescheibe nicht laufen.
Kann der „Wächter" die Frisbeescheibe fangen, ist dies ein Punkt und die andere Mannschaft erhält die Scheibe, um ihrerseits einen Punktversuch zu starten.
Kann die Frisbeescheibe innerhalb einer Mannschaft nicht gefangen werden oder wird ein Pass von den Gegnern gestört, ist dies ein sogenannter „Turnover" und die andere Mannschaft bekommt das Scheibenrecht.
Es gewinnt die Mannschaft mit den meisten Punkten.

8 FRISBEE-GOLF

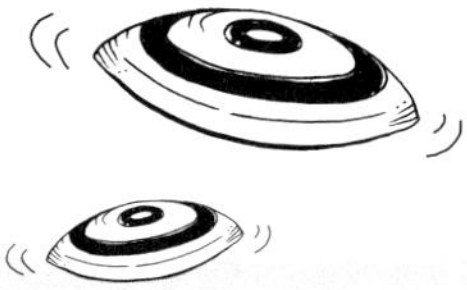

Lernziel: Auge-Hand-Koordination, Zielwerfen
Einsatz: Stundenhauptteil
Material: pro Kind 1 Frisbeescheibe, Reifen, Körbe, Kartons, Springseile, ggf. Stoppuhr
Zeit: 30 Minuten
Klassenstufe: 3/4

So geht's:

Mittlerweile hat sich „Frisbee-Golf" zu einer echten Trendsportart entwickelt. Bei schönem Wetter draußen auf dem Schulhof oder dem Sportplatz durchführbar, geht es wie beim echten Golf darum, die Frisbeescheibe mit möglichst wenigen Würfen über einen „Mehr-Loch-Parcours" zu werfen. Die Löcher können z. B. mit Reifen, Körben, Kartons oder Springseilen entstehen, in denen die Frisbeescheibe landen muss. Dabei können die „Löcher" zwischen 50 bis 100 m voneinander entfernt liegen. Spielbar als Einzel- oder Gruppen-Wettkampf, gewinnen diejenigen mit den wenigsten Würfen über die gesamte Strecke.

Tipp: Viel Spaß macht es auch, wenn im Spiegelände ein paar Hindernisse sind, z. B. Büsche, Bäume und Hügel.

Variation:

Spielen Sie das Spiel auf Zeit. Wer schafft es, in der vorgegebenen Zeit das „Golf-Feld" komplett zu durchlaufen?

9 FRISBEE-O

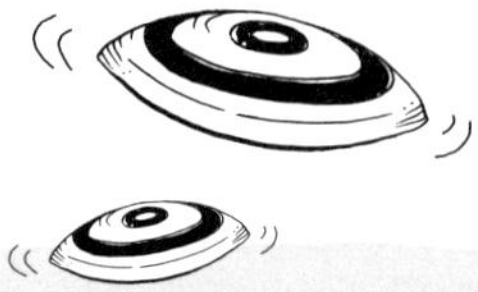

Lernziel:	Auge-Hand-Koordination, Werfen und Fangen
Einsatz:	Stundenhauptteil
Material:	1 Frisbeescheibe, 2 Reifen, 6 Springseile, 4 Pylonen
Zeit:	30 Minuten
Klassenstufe:	3/4

So geht's:

Beim Frisbee-O versuchen zwei Mannschaften, die Frisbeescheibe ins jeweils gegnerische Tor zu werfen. Die Tore bestehen aus angebundenen Reifen in Fußballtoren. Vor den Toren gibt es eine 2 m breite Zone, die nicht betreten werden darf. Markieren Sie diese Zone durch Pylonen.

Beim Frisbee-O dürfen die Spieler nicht mit der Frisbeescheibe in der Hand laufen. Kann die Frisbeescheibe innerhalb einer Mannschaft nicht gefangen werden oder wird ein Pass von den Gegnern gestört, ist dies ein sogenannter „Turnover", die andere Mannschaft bekommt das Scheibenrecht und kann einen Angriff starten. Es gewinnt die Mannschaft mit den meisten Toren.

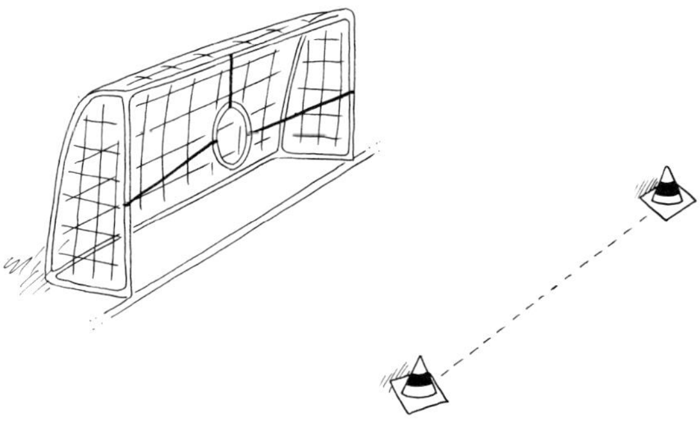

Variation:

Spielen Sie das Spiel mit drei Toren und Torhütern, die sich in der Torzone bewegen dürfen.

10 ULTIMATE FRISBEE

Lernziel: Auge-Hand-Koordination, Werfen und Fangen, Kooperationsfähigkeit
Einsatz: Stundenhauptteil
Material: 1 Frisbeescheibe
Zeit: 30 Minuten
Klassenstufe: 3/4

So geht's:

Ultimate Frisbee ist ein Mannschaftssport, bei dem die Mannschaft mit den meisten Punkten am Ende der Spielzeit gewinnt. Ultimate Frisbee erfreut sich zunehmender Beliebtheit. Es wird mit zwei Mannschaften bestehend aus sieben Spielern gespielt. Das Spielfeld sollte rechteckig sein und an den Stirnseiten jeweils eine klar zu erkennende „Endzone" haben.

Die Spieler erzielen immer dann einen Punkt, wenn ein Spieler/Werfer die Frisbeescheibe zu einem Spieler seiner Mannschaft wirft und dieser sie innerhalb der sogenannten Endzone fängt.

Ein Spieler darf nicht rennen, solange er im Besitz der Frisbeescheibe ist. Die Frisbeescheibe muss also ausschließlich durch Würfe von einem Spieler zu einem anderen weiterbewegt werden.

Ziel des Spiels ist es, die Mannschaft, die im Besitz der Frisbeescheibe ist und sich in Richtung der eigenen Endzone bewegt, zu stören und den Besitz der Frisbeescheibe durch das Erzwingen eines sogenannten „Turnover" zu erreichen.

Ein Turnover ereignet sich immer dann,
- ➜ wenn die Frisbeescheibe von einem gegnerischen Spieler gefangen wird,
- ➜ die Frisbeescheibe zu Boden fällt oder
- ➜ wenn sie von einem Spieler im Aus gefangen wird.

10 ULTIMATE FRISBEE

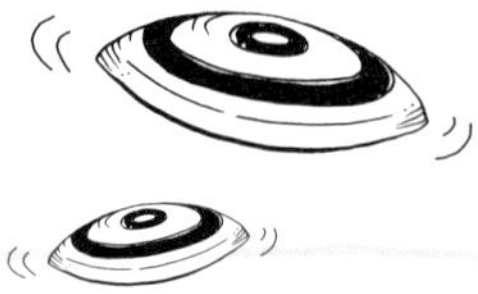

Wichtig:

* Körperkontakt ist nicht erlaubt!
* Bei diesem Spiel gibt es keine Schiedsrichter! Ob eine Frisbeescheibe im oder außerhalb des Feldes ist, wer in Scheibenbesitz ist oder gefoult hat, entscheiden die Spieler selbst.

Kapitel 5

Im Schrank liegen ... *SPRINGSEILE*

1 SEILCHEN HÜPFEN

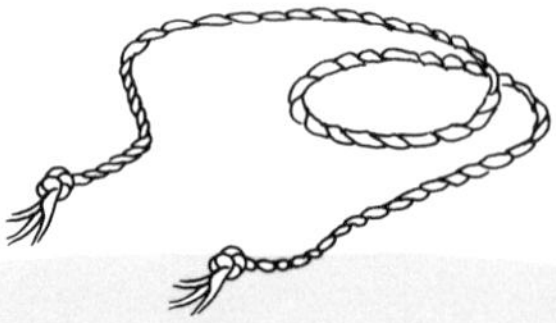

Lernziel: Rhythmisierungsfähigkeit, Gleichgewichtsfähigkeit, Ausdauer, Kinästhetische Differenzierungsfähigkeit
Einsatz: Stundenbeginn
Material: pro Kind 1 Springseil, ggf. langes Springseil
Zeit: 10 Minuten
Klassenstufe: 1–4

So geht's:

Das Seilspringen ist zwar weitreichend bekannt, dennoch sind zunehmend weniger Kinder dazu in der Lage, diese motorische Fähigkeit auszuüben. Ein wichtiger Aspekt, warum wir das Seilspringen mit aufgenommen haben und Sie es unbedingt wieder in die Turnhalle bringen sollten!

Als Alternative zum Einzelspringen ist das Seilspringen mit einem großen Seil eine attraktive Aufgabe. Dafür schwingen zwei Mitspieler ein 3 bis 4 m langes Seil. Ein oder zwei weitere Mitspieler hüpfen nun in das Seil hinein und versuchen, so lang wie möglich darin zu hüpfen.

Variationen:

Lassen Sie das Schwungtempo variieren oder die Springer drehen sich beim Hüpfen um die eigene Achse und sagen typische Reime auf („Teddybär, Teddybär, dreh dich um …").

2 SPINNENNETZ

Lernziel: Kooperationsfähigkeit, Kinästhetische Differenzierungsfähigkeit
Einsatz: Stundenbeginn oder -abschluss
Material: 6–10 Springseile, 1 Turnmatte
Zeit: 10 Minuten pro Durchgang
Klassenstufe: 1–4

So geht's:
Mehrere Springseile werden so übereinandergelegt und verknotet, dass ein Spinnennetz entsteht.
Ein Mitspieler legt sich in die Mitte des Netzes. Die anderen Mitspieler versuchen nun, durch Anheben der einzelnen Seilenden vorsichtig „die Spinne“ hochzuheben. Das getragene Kind bestimmt den nächsten Spieler, der getragen werden soll usw.

Variation:
Bitten Sie die Kinder, das angehobene Netz vorsichtig im Kreis zu drehen.

Wichtig:
Legen Sie eine Turnmatte als Fallschutz unter das Netz.

3 SEILCHEN-TOR

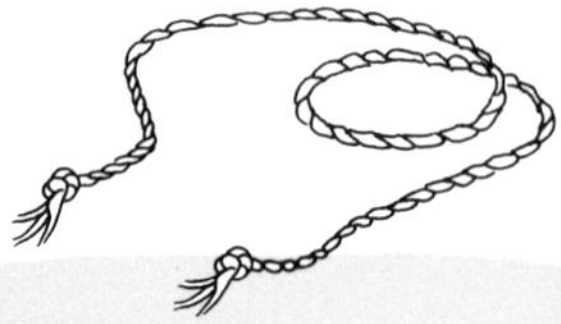

Lernziel: Reaktionsfähigkeit, Orientierungsfähigkeit, Umstellungsfähigkeit
Einsatz: Stundenbeginn oder -abschluss
Material: 1 langes Springseil
Zeit: 10 Minuten
Klassenstufe: 1–4

So geht's:

Ein etwa 3 bis 4 m langes Seil wird von zwei Mitspielern in großen Bögen geschwungen. Die anderen Mitspieler versuchen, im richtigen Moment durch das „Seilchentor" auf die andere Seite zu laufen. Wer das Seil berührt, scheidet aus.

Variation:

Lassen Sie die Übung zu zweit mit Handfassung durchführen.

4 BLINDENFÜHRUNG

Lernziel:	Orientierungsfähigkeit, Wahrnehmungsfähigkeit, Kooperationsfähigkeit, Gleichgewichtsfähigkeit
Einsatz:	Stundenhauptteil
Material:	Springseil oder Tau, ggf. Geräte für einen Parcours, Augenbinden oder ggf. Schlafmasken
Zeit:	10 Minuten pro Durchgang
Klassenstufe:	1–4

So geht's:

Legen Sie einen 5 bis 6 m langen Parcours aus Seilchen oder einem Tau. Die Kinder finden sich zu zweit zusammen. Einem Mitspieler werden die Augen verbunden. Dieser muss nun auf einem schlangenförmig ausgelegten Seil laufen. Der „Blindenführer" sichert seinen Partner ab und kann Anweisungen erteilen. Nachdem das übende Kind den Parcours durchlaufen hat, tauschen die Partner die Rollen.

Variation:

Erstellen Sie einen Blindenparcours mit verschiedenen Untergründen (Turnmatten, Papier, Teppichfliesen etc.).

5 *TAUZIEHEN*

Lernziel: Kraft, Kooperationsfähigkeit
Einsatz: Stundenabschluss
Material: 1 Tau, 1 rotes Parteiband
Zeit: 10 Minuten
Klassenstufe: 1–4

So geht's:
Beim Tauziehen fassen zwei Gruppen jeweils an einem Ende des Seils an und versuchen, auf Kommando die gegnerische Gruppe über eine Markierung zu ziehen. Damit dieser Wettkampf für alle spannend und motivierend ist, sollten die Gruppen möglichst gleich stark sein. Hier gibt es viele Variationen an Gruppenzusammensetzungen. Auch macht es den Kindern viel Spaß, gegen Erwachsene anzutreten (z. B. Wie viele Kinder braucht man, um Sie als Lehrperson zu besiegen?).

Tipp: Markieren Sie das Tau mit einem roten Parteiband, damit die Kinder besser sehen können, ob die Markierung erreicht wurde.

Wichtig:
Achten Sie darauf, ein für das Tauziehen geeignetes Seil zu verwenden: Es sollte der Belastung standhalten und griffig bzw. nicht zu glatt sein.

6 DOPPELSCHWUNG

Lernziel: Gleichgewichtsfähigkeit, Rhythmisierungsfähigkeit, Kinästhetische Differenzierungsfähigkeit, Kooperationsfähigkeit
Einsatz: Stundenabschluss
Material: pro 2er-Gruppe 1 Springseil
Zeit: 10 Minuten
Klassenstufe: 2–4

So geht's:

Immer zwei Mitspieler bekommen ein Seil. Beide stellen sich hintereinander auf. Das vordere Kind hat das Seil und beginnt nun das Seil zu schlagen. Der Partner dahinter versucht, im selben Springrhythmus zu bleiben.

Variationen:

→ Mit zunehmender Sicherheit können verschiedene Paare auch gegeneinander antreten. Wer schafft die meisten gemeinsamen Sprünge?
→ Wer kann eine festgelegte Strecke im Doppelsprung zurücklegen?

7 SEILCHEN TRETEN

Lernziel: Geschicklichkeit, Reaktionsfähigkeit, Schnelligkeit
Einsatz: Stundenbeginn oder -abschluss
Material: pro 2er-Gruppe 1 Springseil
Zeit: 10 Minuten
Klassenstufe: 1–4

So geht's:
Dies ist ein Fangspiel, bei dem immer zwei Kinder gegeneinander spielen. Ein Kind läuft weg und lässt dabei ein Seilchen über den Boden schlängeln. Das andere Kind versucht, mit dem Fuß draufzutreten. Gelingt ihm dies, werden die Rollen getauscht.

Wichtig:
Weisen Sie die Kinder darauf hin, das Seil vorsichtig und nur flach über den Boden zu schlängeln.

8 DER HÜPF-KREISEL

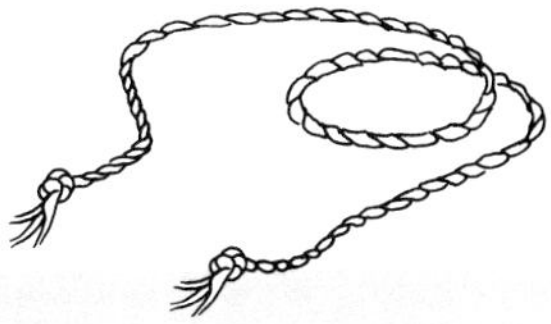

Lernziel:	Gleichgewichtsfähigkeit, Rhythmisierungsfähigkeit, Reaktionsfähigkeit, Ausdauer
Einsatz:	Stundenabschluss
Material:	1 langes Springseil (3 m), 1 Säckchen oder Gummiring
Zeit:	10 Minuten
Klassenstufe:	1–4

So geht's:

Ein Mitspieler steht in der Kreismitte und dreht sich um die eigene Achse. Dabei schwingt er ein langes Seil im Kreis etwa 20 cm über den Boden herum. Die anderen Mitspieler stehen auf der Kreislinie und versuchen, über das ankommende Seil zu hüpfen.

Tipp: Knoten Sie an das Seilende ein Säckchen oder einen Gummiring. So lässt sich das Seil leichter im Kreis bewegen.

Variation:

Lassen Sie das Seil in unterschiedlichen Höhen kreisen.

9 *PFERD UND KUTSCHER*

Lernziel: Kooperationsfähigkeit, Ausdauer, Reaktionsfähigkeit
Einsatz: Stundenbeginn oder -abschluss
Material: pro 2er-Gruppe 1 Springseil, ggf. Augenbinden
Zeit: 10–15 Minuten
Klassenstufe: 1

So geht's:

Gerade den Kleinsten machen Rollenspiele sehr viel Spaß. Die Kinder bilden Paare, in denen einer das Pferd und einer den Kutscher spielt. Das Seil wird dem „Pferd" dabei wahlweise um die Hüfte gelegt oder über die Schultern nach vorn und anschließend unter den Achseln nach hinten geführt, sodass der Pferdeführer mit den „Zügeln" hinter dem Pferd läuft.

Nun sind der Fantasie keine Grenzen gesetzt. Erzählen Sie den Kindern z. B. eine Geschichte von einem Reiterhof, einem Turnierplatz oder entführen Sie sie in die Ritterzeit. Auch können Sie sie unterschiedliche Aufgaben durchführen lassen, z. B. Tempowechsel (Halten, Schritt, Trapp, Galopp), Dressuraufgaben (Volten, Zirkel, Schlangenlinien) oder Wagenrennen (mit Warentransport, z. B. Bälle von A nach B bringen).

Variation:

Die „Pferde" bekommen Scheuklappen (Augenbinden) und müssen ganz vorsichtig geführt werden.

10 LASSOWERFEN

Lernziel: Zielwerfen, Geschicklichkeit, Kinästhetische Differenzierungsfähigkeit
Einsatz: Stundenhauptteil
Material: Springseile (Lasso) und Pylonen in Gruppenstärke
Zeit: 2–3 Minuten pro Durchgang
Klassenstufe: 1–4

So geht's:
Beim Lassowerfen versuchen die Kinder, ein Lasso über eine 3 bis 5 m weit entfernt stehende Pylone zu werfen. Dabei kann entweder eine feste Schlinge in das Seil geknotet werden oder man macht eine „echte“, flexible Lassoschlinge.

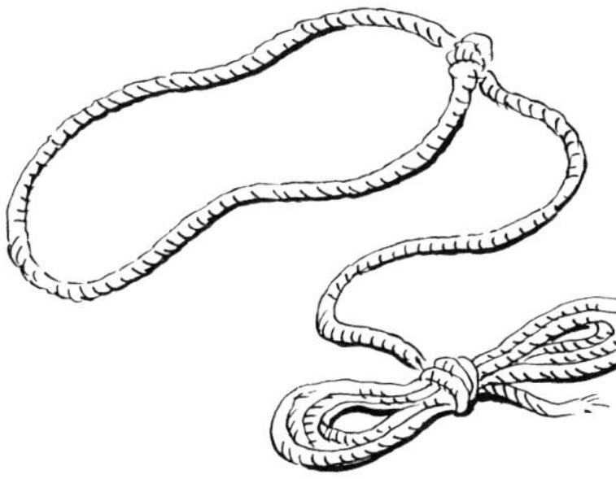

Kapitel 6

Im Schrank liegen ... SÄCKCHEN

1 VIER-FELDER-WEITWURF

Lernziel: Zielwerfen, Kinästhetische Differenzierungsfähigkeit
Einsatz: Stundenhauptteil
Material: 10 Springseile oder Klebeband als Begrenzung, 8–10 Säckchen, Stoppuhr, Papier und Stift
Zeit: 5–10 Minuten pro Durchgang
Klassenstufe: 1–4

So geht's:

Diese Form des Werfens soll eine Abwechslung zum Weitwurf darstellen und motiviert die Kinder durch den entsprechenden „Wettlauf gegen die Zeit".

Teilen Sie das 8 x 2 m große Feld in vier gleich große Zonen ein und erläutern Sie den Kindern, dass jeder Treffer in eine Zone eine vorgegebene Punktzahl bringt.
Die Zonen haben sowohl an der oberen Kante als auch an den Seitenkanten eine Grenze, d. h. die Aufgabe der Kinder ist es, genau das abgesteckte Feld zu treffen. Werden die Zonen in irgendeiner Weise nicht getroffen oder das Säckchen rutscht aus der Zone heraus, wird für den Wurf kein Punkt vergeben.

Die Kinder stehen an der Abwurflinie in einer Reihe vor den Zonen. Für die Klassen 1 und 2 bietet sich an, bereits im ersten Feld einen Punkt zu vergeben, in der zweiten Zone 2 Punkte usw.

In den Klassen 3/4 können Sie die erste Zone schraffieren, d. h.
erste Zone = 0 Punkte; zweite Zone = 1 Punkt;
dritte Zone = 2 Punkte; vierte Zone = 3 Punkte.

Die Aufgabe der Kinder ist nun, innerhalb der vorgegebenen Zeit (Beginnen Sie mit fünf Minuten, steigern Sie die Zeitspanne mit der wachsenden Erfahrung) so viele Punkte wie möglich zu sammeln.

1 VIER-FELDER-WEITWURF

Wichtig:

1. Der nächste Werfer darf erst werfen, wenn das Säckchen des Vorgängers eingesammelt ist und der Vorgänger das Feld verlassen hat.
2. Es wird das Feld gezählt, in dem das Säckchen zum Stillstand gekommen ist, nicht wo es zu Beginn gelandet ist.
3. Alles außerhalb des vorgegebenen Feldes (Ränder) ist „Aus" und bedeutet 0 Punkte!

Halten Sie die erreichten Punkte in einer Strichliste fest, die Sie nachher den Kindern präsentieren können. Um das „Wettkampffieber" anzukurbeln, können Sie folgendermaßen vorgehen:

1. Loben Sie die Kinder für die erreichte Punktzahl und motivieren Sie sie, indem Sie behaupten, dass sie im nächsten Durchgang mindestens 20 Punkte mehr erreichen (benennen Sie dabei die feste Zahl).
2. Regen Sie die Kinder dazu an, mehr Tempo in das Spiel zu bringen, indem sie nicht erst dem Säckchen hinterhergucken, sondern loslaufen, sobald das Säckchen geworfen wurde.

Sowohl das Tempo als auch die Ziel-Punktzahl steigert die Motivation enorm!

Feldbeispiel für die Klasse 1/2

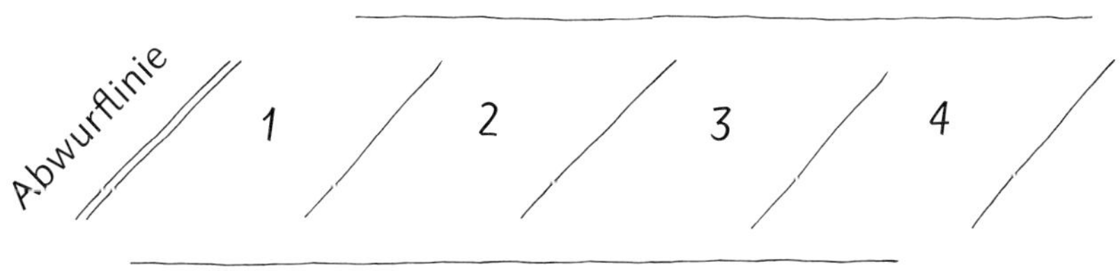

2 IMMER IN BEWEGUNG

Lernziel: Reaktionsfähigkeit, Orientierungsfähigkeit, Kinästhetische Differenzierungsfähigkeit
Einsatz: Stundenbeginn oder -abschluss
Material: 9 Säckchen, ggf. mehr
Zeit: 5–10 Minuten
Klassenstufe: 2–4

So geht's:

Teilen Sie die Klasse zunächst in drei Gruppen ein. Immer ein ausgewählter Spieler jeder Gruppe bringt ein Säckchen nach dem anderen ins Spiel (insgesamt drei Stück). Die Aufgabe jeder Gruppe und jedes Kindes ist es, alle drei Säckchen immer in Bewegung zu halten. Dabei soll das Säckchen nicht lange festgehalten, sondern schnellstmöglich „weitergeworfen" werden. Eine Spielrunde ist vorbei, wenn in der Gruppe das Säckchen auf den Boden fällt.

Variationen:

- → Erhöhen oder verringern Sie die Anzahl der Säckchen.
- → Die Kinder dürfen die Säckchen nur mit einer Hand werfen und fangen.

3 BALANCIEREN

Lernziel: Gleichgewichtsfähigkeit
Einsatz: Stundenbeginn
Material: Säckchen, Frisbeescheiben und Gymnastikstäbe je in Klassenstärke, 1 Langbank, große Kästen
Zeit: 5–10 Minuten
Klassenstufe: 1–4

So geht's:
Die Kinder nehmen sich ein Säckchen mit der offenen Aufgabe, dieses nach eigenem Können und Ermessen zu balancieren. Stellen Sie ihnen verschiedene Materialien zur Verfügung, die für die Übungen hinzugenommen werden dürfen.

1. Teller: Die Kinder haben die Aufgabe, das Säckchen in den Teller (Frisbee-Scheibe) zu legen und diesen auf dem Kopf zu balancieren.
2. Gymnastikstäbe: Die Kinder müssen das Säckchen auf der Spitze oder auf der Längsseite des Stabes balancieren.
3. Bank: Stellen Sie eine Bank in die Mitte der Halle (ggf. sogar mit der schmalen Seite oben), sodass die Kinder mit dem Säckchen über die Bank balancieren können.
4. Die Kinder befinden sich im Krebsgang und balancieren das Säckchen auf dem Bauch.
5. Stellen Sie große Kästen in unterschiedlichen Höhen auf. Die Kinder müssen auf verschiedene Art und Weise das Säckchen darüberbalancieren.

4 STOPPTANZ

Lernziel: Reaktionsfähigkeit, Rhythmusfähigkeit
Einsatz: Stundenbeginn oder -abschluss
Material: Säckchen in Klassenstärke, Musik
Zeit: 5–10 Minuten
Klassenstufe: 1–3

So geht's:
Jedes Kind erhält ein Säckchen. Sobald Sie die Musik einschalten, tanzen die Kinder gemeinsam mit ihrem Säckchen zur Musik und üben verschiedene Kunststücke mit dem Säckchen ein. Stoppen Sie die Musik, muss jedes Kind mitsamt seinem Säckchen zum Stillstand gekommen sein. Ist es das nicht, muss es für diese Runde ausscheiden und beobachtet die anderen tanzenden Kinder mit. Nachdem es mit entschieden hat, wer in der nächsten Runde ausscheidet, darf es wieder mitmachen.

5 TUNNELWERFEN

Lernziel: Kinästhetische Differenzierungsfähigkeit, Zielwerfen, Reaktionsfähigkeit
Einsatz: Stundenbeginn oder -abschluss
Material: 1 Säckchen
Zeit: 10–15 Minuten
Klassenstufe: 1–4

So geht's:

Stellen Sie sich gemeinsam mit den Kindern im Kreis auf. Alle stehen im Grätschstand, sodass sich alle mit den Füßen berühren. Wählen Sie ein Kind aus, das sich mit dem Säckchen in die Mitte stellt und versucht, damit Tore zu werfen (durch die gegrätschten Beine werfen). Achten Sie dabei darauf, dass der Wurf flach gehalten und nicht auf Kinder gezielt wird. Die Kinder dürfen die Würfe auf alle Arten abwehren, ausgeschlossen ist lediglich das Verlassen des Platzes, d. h., die Füße bleiben permanent am Ort. Knie dürfen zusammengeführt werden, solange die Füße stehen bleiben.

Wechseln Sie den Spieler in der Kreismitte regelmäßig, z. B. nach fünf Toren aus.

Variationen:

→ Die Kinder dürfen den Wurf nur mit den Händen abwehren, die Knie dürfen nicht ins Spiel gebracht werden.
→ Erhöhen Sie die Anzahl der Spieler in der Kreismitte.

6 RUHE GÖNNEN

Lernziel: Ruhe finden, Körperwahrnehmung
Einsatz: Stundenabschluss
Material: pro 2er-Gruppe 4 Säckchen und 1 Turnmatte, ggf. Entspannungsmusik
Zeit: 10 Minuten
Klassenstufe: 2–4

So geht's:
Immer zwei Kinder finden sich zusammen. Ein Kind legt sich auf die Matte, das andere kniet vor ihm. Das liegende Kind schließt die Augen und entspannt sich zu ruhiger Musik. Das andere Kind legt vorsichtig, in gleichmäßigen Zeitintervallen, Säckchen auf verschiedene Stellen des Körpers. Fangen Sie hier mit zwei Säckchen an. Auch eine geringe Anzahl von Säckchen ist oftmals schwierig wahrzunehmen! Steigern Sie die Anzahl der Säckchen mit der Zeit.

Die Säckchen dürfen ca. eine Minute auf dem Körper ruhen und sollen vom liegenden Kind wahrgenommen werden. Dann nimmt das Kind, das zuvor die Säckchen hingelegt hat, diese langsam wieder herunter. Bestenfalls in derselben Reihenfolge, wie sie aufgelegt wurden. Danach erfolgt ein Rollentausch.

Nach der Übung gehen die Kinder in einen gemeinsamen Austausch und überlegen, an welchen Stellen des Körpers die Säckchen lagen.

7 TRANSPORTSTAFFEL

Lernziel: Gleichgewichtsfähigkeit, Orientierungsfähigkeit
Einsatz: Stundenbeginn oder -abschluss
Material: 5–7 Säckchen
Zeit: 5–10 Minuten
Klassenstufe: 1–4

So geht's:
Teilen Sie die Klasse zunächst in mehrere Gruppen ein. Jede Gruppe stellt sich in einer Reihe auf. Positionieren Sie unmittelbar vor der Reihe und in einem Abstand von 4 bis 5 m für jede Gruppe eine Pylone, um die die Gruppen herumlaufen müssen.

Nach dem Startsignal läuft jeweils das erste Kind einer Gruppe um die Pylone und balanciert dabei das Säckchen auf eine bestimmte Art und Weise:

- ➜ auf dem rechten oder linken Arm
- ➜ auf dem rechten oder linken Bein
- ➜ auf dem Kopf
- ➜ auf einem Fuß (auf der Ferse laufen)

8 ZWEI VOR, EINS ZURÜCK

Lernziel:	Orientierungsfähigkeit, Kinästhetische Differenzierungsfähigkeit, Rhythmusfähigkeit, Reaktionsfähigkeit, Konzentration
Einsatz:	Stundenbeginn oder -abschluss
Material:	2 Säckchen (rot, grün)
Zeit:	5–10 Minuten
Klassenstufe:	3/4

So geht's:

Bilden Sie gemeinsam mit den Kindern einen Kreis.
Werfen Sie das erste (z. B. rote) Säckchen nach rechts zum übernächsten Kind (2 vor). Dieses wirft anschließend das Säckchen zum Kind, das links neben ihm steht (1 zurück). Jetzt wird wieder 2 vor – also zum übernächsten Kind – nach rechts geworfen usw., das dann wieder zum Kind links neben ihm wirft (1 zurück).
Nach mehreren Durchläufen ergibt sich ein Rhythmus, der sich bei den Kindern einprägt. Nach einigem Ausprobieren bringen Sie das zweite Säckchen (grün) ins Spiel. Das zweite (grüne) Säckchen wird genauso wie das erste (rote) – immer 2 vor und 1 zurück – geworfen.

Variationen:

- ➜ Das zweite (grüne) Säckchen wird entgegen der Spielrichtung vom ersten (roten) Säckchen in die Runde gebracht. Nun ist ein hohes Maß an Konzentration und Koordination gefragt!
- ➜ Noch schwieriger wird es, wenn die beiden Säckchen zwar in eine Richtung weitergegeben werden, dabei aber das rote immer 2 vor und 1 zurück und das grüne jeweils 3 vor und 2 zurück geworfen wird.

9 FLOHSPRINGEN

Lernziel:	Reaktionsfähigkeit, Ausdauer, Orientierungsfähigkeit
Einsatz:	Stundenbeginn oder -abschluss
Material:	2 Säckchen
Zeit:	5–10 Minuten
Klassenstufe:	1–4

So geht's:

Hocken Sie gemeinsam mit den Kindern im Sitzkreis und wählen Sie aus der Runde einen „Floh" aus, der in der Mitte des Kreises hockt. Verteilen Sie an die anderen Kinder im Kreis zwei Säckchen.

Die Kinder schieben sich möglichst schnell (aber nicht hektisch und zu fest) die Säckchen zu und versuchen dabei, die Füße des Flohs zu treffen. Der Floh muss versuchen, die Säckchen zu überspringen. Wird er getroffen, springt er auf ein Säckchen oder fällt hin, wird gewechselt.

Tipp: Achten Sie darauf, dass der Floh immer in der Kreismitte bleibt.

10 SCHÄTZE SAMMELN

Lernziel: Gleichgewichtsfähigkeit, Ausdauer, Orientierungsfähigkeit
Einsatz: Stundenbeginn oder -abschluss
Material: Kleinmaterialien (Säckchen, Wäscheklammern, Bälle, Bierdeckel ...), 4 Rollbretter, 4 Turnmatten
Zeit: 10–15 Minuten
Klassenstufe: 1–3

So geht's:
Verteilen Sie die Kleinmaterialien frei in der Turnhalle. Je mehr Materialien Sie ins Spiel bringen, desto mehr Spaß haben die Kinder. Teilen Sie die Klasse in vier Gruppen auf. Die Kinder sind jetzt Piraten auf der Suche nach Schätzen. Jede Gruppe erhält ein Boot (Rollbrett) und eine Insel (Turnmatte). Von der Insel aus darf immer nur ein Pirat losfahren und einen Schatz sammeln, den er auf seinem Boot zurück zur Insel bringt. Sind alle Schätze eingesammelt, ist die Runde vorbei und die Schätze werden gezählt.

Wichtig:
Besprechen Sie wichtige Regeln für das Rollbrett!
* Halte mit den Händen genügend Abstand zu den Rollen.
* Fahre nur auf den Knien oder im Liegen. Nicht stehen.
* Vermeide Zusammenstöße mit anderen Kindern.
* Fahre mit dem Rollbrett nur vorwärts.

Kapitel 7

Im Schrank liegen ...
INDIACAS® UND CO.

1 INDIACA® KENNENLERNEN

Lernziel:	Kinästhetische Differenzierungsfähigkeit, Auge-Hand-Koordination, Schlagtechnik
Einsatz:	Stundenbeginn
Material:	Indiacas®
Zeit:	5–10 Minuten
Klassenstufe:	1–4

So geht's:

Eine Indiaca® kann zu einem richtig dynamischen Spielgerät werden, mit großem Spaß für alle Übenden! Sie wird mit der flachen Hand, bei ausgestrecktem Arm gespielt. Die flache Handfläche ist dabei als „Schlägerkopf" zu sehen, mit dem der gelbe Teil der Indiaca® gespielt wird. Sie kann sowohl von unten als auch von oben gespielt werden – genau wie bei den Bewegungen des Badmintonspiels.

Die Aufgabe der Kinder ist es nun, dieses besondere Spielgerät auszuprobieren. Lassen Sie ihnen Zeit, seine Flugbahnen und Eigenschaften kennenzulernen. Geben Sie ausschließlich Hilfestellungen bei der Schlagtechnik.

2 BALL ÜBER DIE SCHNUR

Lernziel: Kinästhetische Differenzierungsfähigkeit, Auge-Hand-Koordination, Schlagtechnik
Einsatz: Stundenhauptteil
Material: Indiacas®, Zauberschnur
Zeit: 5 Minuten pro Durchgang
Klassenstufe: 2–4

So geht's:

Um ein Mannschaftsspiel „Ball über die Schnur" zu initiieren, können Sie wie folgt vorgehen:
Zuerst spielen sich die Kinder die Indiaca® zu zweit oder dritt an einem beliebigen Platz zu (Erprobungsphase).
Danach hängen Sie eine Zauberschnur auf. Als Markierungshilfe für eine Feldbegrenzung bieten sich die äußeren Volleyballfeldlinien an. Es spielen immer zwei oder drei Spieler gegeneinander. Innerhalb der Mannschaft sollte (wie beim Volleyball) die Indiaca® 2- bis 3-mal Kontakt haben, bis sie anschließend über die Schnur gespielt wird.
Erhöhen Sie die Mitspieler einer Mannschaft (bis sechs) und lassen Sie ein richtiges Match spielen. Teilen Sie hierfür die Klasse in vier Mannschaften auf. Es spielen immer zwei Mannschaften gegeneinander. Danach sind die anderen beiden Mannschaften an der Reihe.

Wichtig:
Besprechen Sie mit den Kindern die Indiaca®-Regeln (siehe S. 84).

2 BALL ÜBER DIE SCHNUR

Indiaca®-Regeln

1. Der Indiaca®-Ball darf nur mit der Hand oder dem Unterarm berührt werden.
2. Jede Schnurberührung ist ein Fehler.
3. Innerhalb der eigenen Mannschaft darf 3-mal gespielt werden, jedoch nicht 2-mal hintereinander von derselben Person.
4. Die Spieler stehen auf bestimmten Positionen, die sie vor der Ausführung einer Angabe wieder einnehmen müssen.
5. Bei jedem Neugewinn des Aufschlagrechts rotiert die Mannschaft im Uhrzeigersinn um eine Position (Rotationsprinzip).
6. Bei jedem Fehler erhält die gegnerische Mannschaft einen Punkt.

3 ICH SCHICKE MEINE INDIACA® ZU ...

Lernziel:	Kinästhetische Differenzierungsfähigkeit, Auge-Hand-Koordination, Kennenlernen der Gruppe
Einsatz:	Stundenbeginn
Material:	1 Indiaca®, ggf. mehr
Zeit:	5 Minuten
Klassenstufe:	1/2

So geht's:

Dies ist ein einfaches Kennenlern-Spiel, bei dem Sie mit der Klasse im Kreis stehen. Geben Sie zunächst eine Indiaca® in die Runde. Die Kinder werfen sie zu einem Kind und sagen dabei: „Ich schicke meine Indiaca® zu ... (Name des angespielten Kindes)."

Steigern Sie den Anspruch, indem:

- ➜ der Indiaca® -Ball geschlagen werden muss,
- ➜ die Anzahl der Indiacas® erhöht wird,
- ➜ die Kinder die feste Struktur des Kreises verlassen und sich dabei frei bewegen. Hier bietet sich zunächst eine Hallenhälfte an.

4 WURFGOLF

Lernziel:	Zielwerfen, Kinästhetische Differenzierungsfähigkeit, Auge-Hand-Koordination, Gleichgewichtsfähigkeit, Kennenlernen der Gruppe
Einsatz:	Stundenhauptteil
Material:	Indiacas®, 2 kleine Kästen, 2 große Kästen, 6 Pylonen, Turnringe, Sprossenwand, 3 Langbänke, 3 Medizinbälle
Zeit:	20 Minuten
Klassenstufe:	2–4

So geht's:
Wurfgolf ist angelehnt an Minigolf, nur spielen die Kinder hier den Ball nicht mit dem Schläger, sondern werfen oder schlagen eine Indiaca® in ein Loch bzw. Ziel. Für den Aufbau der „Miniwurf-Stationen" ist Ihrer Fantasie keine Grenze gesetzt. Unten finden Sie Aufbauvorschläge, die Sie natürlich situationsgemäß anpassen können.

Tipp: Üben Sie vorher die Schlagtechniken von unten und von oben mit der flachen Hand, um die Trefferwahrscheinlichkeit bei den Kindern und damit auch ihre Motivation zu erhöhen!

Station 1: Stellen Sie einen kleinen Kasten vor einen großen Kasten, es entsteht eine Treppe. Dort oben bleiben die Kinder mit der Indiaca® in der Hand stehen/knien. In einem Abstand von 2 m steht ein umgedrehter kleiner Kasten, der als erste Öffnung gilt, in die die Indiaca® geworfen oder geschlagen werden muss.

Station 2: In der Sprossenwand steckt eine umgedrehte Pylone. Die Aufgabe ist es, die Indiaca® in einem Abstand von 1 bis 2 m in die geöffnete Pylone zu schlagen. Stellen Sie ggf. auch hier eine Bank oder einen labilen Untergrund (Kastenoberteil liegt auf drei Medizinbällen) auf, der dazu führt, dass die Kinder zusätzlich noch das Gleichgewicht halten müssen.

4 WURFGOLF

Station 3: Klemmen Sie fünf Pylonen zwischen zwei Langbänken ein. Die Kinder haben die Aufgabe, sich an den Anfang der Bänke zu stellen und die Indiaca® in eine bzw. der Reihe nach in alle Pylonen zu spielen.

Station 4: Hängen Sie die Turnringe auf die Höhe der Kinder bzw. spielen Sie mit der Höhe. Die Kinder müssen versuchen, die Indiaca® durch die Ringe zu spielen.

Jede Station ist erweiterbar, kreieren Sie gemeinsam mit den Kindern eine abwechslungsreiche Strecke, bei der alle Sinne in Anspruch genommen werden müssen.

5 INDIACA®-STAFFEL

Lernziel: Orientierungsfähigkeit, Gleichgewichtsfähigkeit, Schnelligkeit
Einsatz: Stundenbeginn oder -abschluss
Material: pro Mannschaft 1 Indiaca® und 2 Pylonen
Zeit: 5 Minuten
Klassenstufe: 1–4

So geht's:
Teilen Sie die Klasse in mehrere Mannschaften ein. Es sollten nicht mehr als fünf Mitspieler in jeder Mannschaft sein. Die Mannschaft steht in einer Reihe hintereinander. Als Startpunkt dient ihr eine Pylone. In einem Abstand von 4 m steht noch eine Pylone, die von den jeweiligen Läufern der Mannschaft umlaufen werden muss. Spielen Sie die Staffel so, dass es mehrere Schwierigkeitsstufen gibt:

1. Die Indiaca® wird auf der flachen Hand balanciert.
2. Die Indiaca® wird auf zwei Fingern balanciert.
3. Die Indiaca® wird auf dem Unterarm balanciert.
4. Die Indiaca® wird mit der flachen Hand immer leicht in die Luft gespielt.

6 INDIACA®-FLAGBALL

Lernziel: Schnelligkeit, Zielwerfen, Reaktionsfähigkeit, Kooperationsfähigkeit
Einsatz: Stundenhauptteil
Material: 1 Indiaca®, pro Kind 2 Wäscheklammern, Pylonen oder Markierhauben, Parteibänder
Zeit: 5–10 Minuten pro Durchgang
Klassenstufe: 3/4

So geht's:
Teilen Sie die Klasse in vier Mannschaften ein, sodass immer zwei Mannschaften gegeneinander spielen können. Markieren Sie die Mannschaften mithilfe von Parteibändern farblich. Das Spiel ist angelehnt an das Spiel „Flagfootball".

Jedes Kind erhält nun zwei Wäscheklammern, die es rechts und links am T-Shirt-Bund gut sichtbar festklemmt. Jede Mannschaft erhält ein mit Pylonen oder Markierhauben auf dem Boden markiertes Tor.

Durch geschicktes Abspielen der Indiaca® untereinander muss nun jede Mannschaft versuchen, die Indiaca® in das gegenüberliegende Tor zu bringen. Der Spieler mit der Indiaca® in der Hand darf aber nun von der gegnerischen Mannschaft aufgehalten werden, indem …

1. … ihm der Weg versperrt wird,
2. … er von Mitspielern gedeckt wird (ohne Berührungen!),
3. … ihm eine Wäscheklammer weggenommen wird.

Wird einem Spieler, der die Indiaca® in der Hand hält, eine Klammer weggenommen, muss er die Indiaca® der gegnerischen Mannschaft geben (Ballabgabe).

6 INDIACA®-FLAGBALL

Ein Spieler, der keine Klammern mehr hat, darf zwar am Spiel weiterhin teilnehmen, jedoch kein Tor werfen. Er kann dann nur noch durch geschicktes Zuspiel zu den anderen Mannschaftsmitgliedern beim Toreschießen helfen.

Gewonnen hat die Mannschaft mit den meisten Toren.

7 DARF ICH VORSTELLEN? „BALLINCHEN"

Lernziel: Aufmerksamkeit, Kinästhetische Differenzierungsfähigkeit, Reaktionsfähigkeit, Wahrnehmungsfähigkeit
Einsatz: Stundenhauptteil
Material: 1 Luftballon pro Kind und Lehrperson
Zeit: 20–25 Minuten
Klassenstufe: 1/2

So geht's:
Mit der Geschichte zum „Ballinchen" haben die Kinder auf eine sehr gemütliche und ruhige Art die Möglichkeit, den Luftballon und seine Flugeigenschaften kennenzulernen. Setzen Sie sich gemeinsam mit Ihren Schülern in einen Sitzkreis. Jedes Kind erhält einen aufgeblasenen Luftballon, Sie selber bekommen auch einen Luftballon. Alle sitzen mit angewinkelten Beinen im Sitzkreis, sodass die Knie ein kleines Dach bilden, unter das die Ballons gelegt werden können.

Tipp: Indem die Kinder ihre Ballons unter ihre Beine legen, vermeiden Sie unerwünschte Spielaktivität während der ruhigen Erzählphase und vor allem störende „Quietschkonzerte".

Erzählen Sie nun die Geschichte und fordern Sie die Kinder auf, Ihren Bewegungen mit Ballinchen zu folgen und diese nachzumachen.

Geschichte	passende Bewegungen
Es ist früh am Morgen und Ballinchen liegt wie immer gemütlich in ihrem warmen Bettchen unter dem Dach. Sie wacht auf, reckt und streckt sich.	→ *Sie recken und strecken sich gemeinsam mit den Kindern noch ohne Ballon.*

7 DARF ICH VORSTELLEN? „BALLINCHEN"

Geschichte	Passende Bewegungen
Ballinchen legt langsam die Decke zur Seite.	→ *Öffnen Sie Ihre Knie so, dass Sie freien Zugriff zu Ballinchen haben. Nehmen Sie Ballinchen und halten Sie sie mit Ihren Fingerspitzen fest.*
Ballinchen läuft schnell zum Fenster, um hinauszuschauen.	→ *Rollen Sie Ballinchen mit den Fingerspitzen erst den einen ausgestreckten Arm hinunter, dann zurück. Dann den anderen ausgestreckten Arm hinunter und wieder zurück zur Brust.*
„Juhu, die Sonne scheint" ruft sie und will ihren Bruder wecken. Sie läuft schnell die Treppe hinunter.	→ *Strecken Sie Ihre Beine aus und achten Sie darauf, dass die Kinder es Ihnen nachmachen. Rollen Sie Ballinchen mit Ihren Fingerspitzen an Ihrem Rumpf entlang. Dann am rechten Bein entlang bis zu den Zehenspitzen und wieder zurück zum Rumpf, und dann am linken Bein entlang zu den Zehenspitzen und wieder zurück zum Rumpf.*
Hm, Ballinchen findet ihren Bruder nirgends und geht auf den Balkon.	→ *Rollen Sie mit Ihren Fingerspitzen Ballinchen an Ihrem Rumpf entlang, hoch zu Ihrem Kopf, dort wird sie ein bisschen gedreht.*

7 DARF ICH VORSTELLEN? „BALLINCHEN"

Geschichte	Passende Bewegungen
Ja, da ist er! Er ist schon draußen mit den anderen und spielt! Schnell raus!	→ *Rollen Sie Ballinchen zurück zur Brust, stehen Sie anschließend langsam auf.*
Draußen warten schon viele Freunde, mit denen Ballinchen spielen möchte. Zuerst spielt sie Fangen um den Baum.	→ *Rollen Sie Ballinchen in einer Acht zwischen Ihren Beinen herum. Wiederholen Sie diesen Vorgang einige Male.*
Anschließend spielt sie Tennis.	→ *Prellen Sie Ballinchen vorsichtig mit Ihrem Finger in die Luft, spielen Sie Ballinchen anschließend zwischen Ihrer rechten und linken Hand hin und her.*

Ab hier können Sie die Übung freier gestalten, fragen Sie die Kinder nach eigenen Ideen, was Ballinchen jetzt allein oder gemeinsam mit ihren Freunden erleben kann. Lassen Sie die Kinder nun frei ausprobieren und mit einem oder mehreren Partnern einige Bewegungen einüben. Holen Sie die Kinder nach ca. fünf Minuten zurück in den Kreis und sammeln Sie, was Ballinchen alles erleben konnte.

8 KIRSCHENESSEN

Lernziel:	Aufmerksamkeit, Wahrnehmungsfähigkeit, Reaktionsfähigkeit, Kinästhetische Differenzierungsfähigkeit
Einsatz:	Stundenbeginn
Material:	pro Kind 1 Luftballon
Zeit:	5 Minuten pro Durchgang
Klassenstufe:	1–4

So geht's:

Dieses Spiel ist ein altbekanntes Ballspiel, das sich prima dazu eignet, spielerisch den Luftballon und dessen Flugeigenschaften kennenzulernen. Bringen Sie dafür aufgeblasene Luftballons mit in den Sportunterricht. Zunächst sollten die Kinder den Luftballon kennenlernen, hochspielen, vor sich her spielen und die Flugbahn des Luftballons erforschen.
Danach bilden die Kinder Paare. Zu zweit spielen sich die Kinder einen Luftballon zu. Hierbei ist jede Spielart erlaubt, egal ob hoch, ob niedrig, ob mit der Hand oder dem Fuß – Hauptsache, der Luftballon bleibt für den Partner spielbar. Gelingt es einem Kind nicht, den Luftballon zu spielen, und fällt er auf den Boden, rutscht dieses Kind eine Stufe höher.

Die Stufen bei einem Fangfehler sind:

1. Kirschen gegessen
2. Wasser getrunken
3. Bauchschmerzen
4. Arzt holen
5. Krankenhaus
6. (Gestorben)

Gerade diese recht makaberen Spielstufen bringen Dynamik in das Spiel und das einfache Hin- und Herspielen bekommt einen lustigen Spielcharakter. Da die Kinder zu unterschiedlichen Momenten diese Spielstufen erreichen werden, können Sie situativ neue Spielpartner bestimmen.

9 ZEITLUPEN-VOLLEYBALL

Lernziel: Reaktionsfähigkeit, Wahrnehmungsfähigkeit, Kinästhetische Differenzierungsfähigkeit, Kooperationsfähigkeit, taktisches Spiel
Einsatz: Stundenbeginn oder -abschluss
Material: 1 Luftballon, Zauberschnur
Zeit: 10 Minuten
Klassenstufe: 2–4

So geht's:

Spannen Sie in die Mitte des Spielfeldes (Badmintonfeld) eine Zauberschnur. Wie beim bekannten Volleyballspiel spielen sechs gegen sechs Kinder. Der Luftballon darf innerhalb der Mannschaft 3-mal gespielt werden, bevor er zum gegnerischen Feld gespielt wird. Luftballons, die außerhalb der Feldlinien gespielt werden, sind im Aus und geben keinen Punkt. Gewonnen hat die Mannschaft, die zuerst 10 oder 15 Punkte erreicht hat.

Führen Sie nach und nach zusätzliche Regeln ein, die vom Volleyballspiel her bekannt sind:

- → Feste Positionen: Geben Sie allen sechs Spielern eine feste Position innerhalb des Spielfeldes.
- → Rotation: Jeder Spieler wechselt nach einem Punktgewinn die Position in Laufrichtung links.
- → Block: Ein Luftballon darf bereits am Netz von der generischen Mannschaft aufgehalten bzw. geblockt werden.
- → Schmettern: Der Luftballon wird nicht nur von unten, sondern auch von oben gespielt.

10 FUSSBALL MIT DEM LUFTBALLON

Lernziel: Reaktionsfähigkeit, Wahrnehmungsfähigkeit, Kinästhetische Differenzierungsfähigkeit, Kooperationsfähigkeit

Einsatz: Stundenhauptteil

Material: ca. 5 Luftballons (davon 2 in Reserve), Parteibänder, 2–4 Langbänke, 12 Pylonen

Zeit: 20 Minuten

Klassenstufe: 2–4

So geht's:

Teilen Sie Ihre Gruppe je nach Klassengröße in zwei, vier oder sechs Mannschaften ein, sodass eine Stärke von ca. fünf Kindern pro Mannschaft erreicht wird.
Fußball mit dem Luftballon ist eine Anforderung, die besonders den Kindern zugutekommt, die sonst Fußball weniger als Spiel für sich entdeckt haben. Der Luftballon hat sehr spezielle Eigenschaften, die durch kurze Flugwege und eine schwere Ballkontrolle gekennzeichnet sind. So entstehen ganz neue Anforderungen an das Fußballspiel und die unterschiedlichen Vorerfahrungen spielen keine große Rolle mehr.

Die Regeln beim Fußball mit dem Luftballon sind genauso wie beim Fußball mit dem Ball. In einem abgesteckten Feld spielen fünf gegen fünf Kinder und versuchen, Tore zu erzielen bzw. zu verhindern. Achten Sie darauf, dass sich die Mannschaften farblich, am besten durch Parteibänder, voneinander unterscheiden.

Die Spielfelder können klein sein, da der Ball keine großartige Flugstrecke zurücklegt. Hier können Sie, je nach Hallengröße, Ihre Turnhalle durch quergestellte Langbänke abtrennen. Stellen Sie für die Tore im Abstand von je 1,5 m zwei Pylonen auf. Dann kann das Spiel beginnen.

10 FUSSBALL MIT DEM LUFTBALLON

Wichtig:
Achten Sie auf „fliegende" Füße und Köpfe! Aufgrund des unkontrollierten Flugweges ist die Aufmerksamkeit oft abgelenkt und die Kinder neigen eher dazu, zusammenzustoßen. Doch eben genau dieser unkontrollierte Flugweg führt zu einem dynamischen und Spaß bringenden Spiel.

Kapitel 8

Im Schrank liegen ... TÜCHER UND CO.

1 PARTEIBAND-KLAU

Lernziel:	Ausdauer, Orientierungsfähigkeit
Einsatz:	Stundenbeginn, Stundenhauptteil
Material:	pro Kind 1 Parteiband
Zeit:	2–5 Minuten pro Durchgang
Klassenstufe:	1–4

So geht's:

Bei diesem Fangspiel erhält jedes Kind ein Parteiband, das es sich so hinten in den Hosenbund klemmt, dass etwa 30 cm herausschauen. Auf ein Startsignal hin verteilen sich die Kinder in der Halle und versuchen, möglichst viele Parteibänder zu klauen. Dabei dürfen die Bänder natürlich nicht mit den Händen geschützt werden o. Ä. Das Spiel ist vorbei, wenn alle „Bändchen" geklaut wurden.

Variation:

In Klassenstufe 1/2 wird das Spiel auch gern als Rollenspiel „Schwänzchen fangen" gespielt. Bei dieser Variante gibt es ein bis zwei „Füchse" (Fänger), die den „Gänsen" den Schwanz klauen. Der, dem das „Schwänzchen" geklaut wurde, scheidet aus und muss sich auf die Bank setzen. Die zwei letzten „Gänse" mit Parteiband gewinnen die Runde und dürfen in der nächsten Runde die „Füchse" spielen.

Tipp: Bei dieser Variante kann man den Kindern sehr gut die verschiedenen Facetten des Spiels bewusst machen.
Wer hat die meisten Bänder geklaut? *(Fängerrolle)*
Wer hat sein Band am längsten behalten können? *(Läuferrolle)*

2 PARTEIBAND-TAUSCH

Lernziel:	Aufmerksamkeit, Kooperationsfähigkeit, Orientierungsfähigkeit, Reaktionsfähigkeit
Einsatz:	Stundenbeginn
Material:	pro Kind 1 Parteiband (*wichtig:* verschiedene Farben)
Zeit:	1–2 Minuten pro Durchgang
Klassenstufe:	1–4

So geht's:

Die Kinder bewegen sich mit ihrem Parteiband frei in der Halle. Immer wenn sie einem anderen Kind begegnen, tauschen sie ihr Parteiband miteinander. Nach einer Weile gibt der Spielleiter ein Kommando zum Gruppieren, z. B. alle Bänder einer Farbe bilden eine Gruppe oder eine bestimmte Farbreihenfolge „rot, grün, gelb blau" muss gebildet werden. Nachdem sich die Gruppen richtig zusammengefunden haben, beginnt ein neuer Durchgang und die Kinder laufen wieder frei durcheinander und tauschen ihre Bänder.

Tipp: Dieses Spiel eignet sich sehr gut zur Gruppeneinteilung, z. B. für das nächste Spiel oder die folgende Übung.

3 FARBENKARUSSELL

Lernziel: Aufmerksamkeit, Kooperationsfähigkeit, Orientierungsfähigkeit, Reaktionsfähigkeit
Einsatz: Stundenhauptteil
Material: 1 großes Schwungtuch mit unterschiedlichen Farben, ggf. Parteibänder
Zeit: 2–5 Minuten pro Durchgang
Klassenstufe: 1/2

So geht's:

Bei diesem Spiel benötigen Sie (idealerweise) ein großes Schwungtuch, das farblich in unterschiedliche Felder eingeteilt ist. Haben Sie nur ein einfarbiges Schwungtuch zur Hand, können Sie die Kinder „farblich einteilen" oder mit farbigen Parteibändern kennzeichnen.

Die Kinder halten mit einer Hand das Schwungtuch und gehen im Kreis herum. Auf ein Kommando nennen Sie eine Farbe, z. B. „Rot". Nun laufen alle Kinder, die ein rotes Feld gehalten haben, an ihren Vordermännern vorbei zum nächsten roten Feld. Die Kinder an den roten Feldern haben somit ihre Plätze gewechselt! Dann nennen Sie erneut eine Farbe usw.

4 OBSTSALAT

Lernziel:	Aufmerksamkeit, Orientierungsfähigkeit, Reaktionsfähigkeit
Einsatz:	Stundenhauptteil
Material:	1 großes Schwungtuch
Zeit:	4–8 Minuten pro Durchgang
Klassenstufe:	1/2

So geht's:

Bei diesem bekannten Platz-Such-Spiel teilen Sie die Kinder in unterschiedliche Obstsorten ein (z. B. Äpfel, Bananen, Kirschen und Orangen). Die Kinder verteilen sich um das Schwungtuch und schwingen es im großen Bogen auf und ab.

Ein Spieler hat keinen Platz und steht unter dem Tuch in der Kreismitte. Wenn das Schwungtuch ganz oben ist, nennt der Spieler in der Mitte eine Obstsorte und die entsprechenden Kinder wechseln ihre Plätze. Jetzt hat der Spieler in der Mitte die Chance, einen freien Platz zu ergattern.
Das Spiel beginnt mit einem neuen Spieler, der keinen Platz gefunden hat usw.

5 WELLENBAD

Lernziel: Aufmerksamkeit, Kooperationsfähigkeit, Kinästhetische Differenzierungsfähigkeit, Reaktionsfähigkeit
Einsatz: Stundenhauptteil
Material: 1 großes Schwungtuch, viele weiche Bälle (oder Luftballons)
Zeit: 4–8 Minuten pro Durchgang
Klassenstufe: 1/2

So geht's:
Die Kinder stehen im Kreis und halten das Schwungtuch mit beiden Händen hüfthoch über dem Boden fest. Auf dem Tuch befinden sich verschiedene Bälle (je mehr, desto schwerer ist das Spiel).
Jetzt werden von den Kindern kleine Wellen erzeugt und die Bälle setzen sich in Bewegung. Ziel des Spiels ist es, dass die Bälle nicht vom Schwungtuch fallen.

Tipp: Viel Spaß macht es, wenn Sie dazu eine Meeres-Geschichte erzählen, in der es mal stärkere und mal schwächere Wellen gibt.

6 TIEFSEETAUCHEN

Lernziel: Orientierungsfähigkeit, Wahrnehmung, Kraft
Einsatz: Stundenhauptteil
Material: 1 großes Schwungtuch, Bälle, Bierdeckel, Wäschekammern, Säckchen, 2 Langbänke, ggf. Taucherbrillen
Zeit: 4–8 Minuten pro Durchgang
Klassenstufe: 1/2

So geht's:

Verteilen Sie unter einem ausgebreiteten Schwungtuch verschiedene Kleinmaterialien in unterschiedlichen Größen und Formaten (Säckchen, Bälle, Wäscheklammern ...).

Die Aufgabe der Kinder besteht nun darin, sich bäuchlings auf der Langbank entlang zu ziehen, zu „schwimmen" und anschließend in das Meer abzutauchen. Hierfür krabbeln sie vom Rand der Langbank unter das Schwungtuch und versuchen, nach drei bis fünf Schätzen unter Wasser zu tauchen. Mit den Schätzen bei sich tauchen sie wieder aus dem Meer auf (krabbeln aus dem Tuch hervor), erst dann darf der Nächste tauchen.

Variation:

Geben Sie bei gleichem Spielverlauf durch Zuruf vor, nach welchem „Schatz" die Tiefseetaucher suchen sollen.

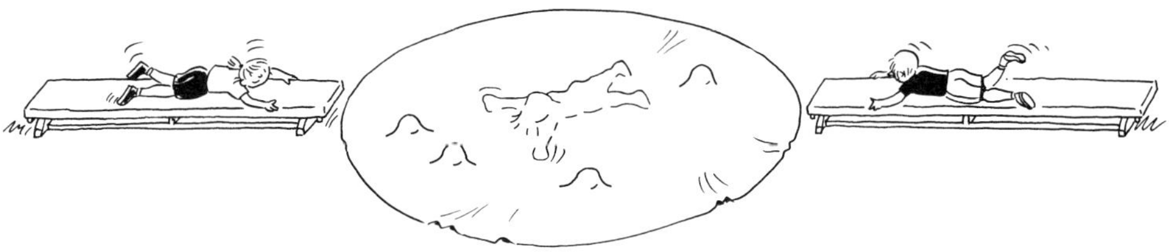

7 TUCHSPIEL

Lernziel: Aufmerksamkeit, Wahrnehmung, Reaktionsfähigkeit
Einsatz: Stundenbeginn
Material: pro Kind und Lehrperson 1 Chiffontuch
Zeit: 5 Minuten
Klassenstufe: 1–3

So geht's:
Bilden Sie gemeinsam mit den Kindern einen Kreis. Jeder hält in seiner Hand ein Chiffontuch.

Auf Ihr Kommando werfen alle gleichzeitig ihr Tuch in die Luft und wandern einen Schritt nach rechts. Jeder muss nun versuchen, das Tuch des Nachbarn aufzufangen.

Variation:
Jedes Kind sucht sich einen Partner, beide stehen sich gegenüber. Beide werfen gleichzeitig ihr Tuch hoch und wechseln die Plätze, d. h., jeder versucht, auf den Platz des anderen zu kommen und das Tuch des anderen zu fangen.

Wichtig:
Weisen Sie die Kinder bei dieser Spielvariante darauf hin, vorsichtig zu sein und Zusammenstöße zu vermeiden.

8 WETTRENNEN

Lernziel: Schnelligkeit, Geschicklichkeit, Orientierungsfähigkeit, Kinästhetische Differenzierungsfähigkeit
Einsatz: Stundenbeginn, -hauptteil oder -abschluss
Material: pro Mannschaft 1 Chiffontuch, 4 Pylonen
Zeit: 5 Minuten pro Durchgang
Klassenstufe: 1/2

So geht's:

Teilen Sie die Kinder in vier gleich große Mannschaften ein. Jede Mannschaft erhält ein Chiffontuch. Stellen Sie in einem Abstand von 5 m vor jede Mannschaft eine Pylone, die umlaufen werden muss. Der erste Läufer jeder Mannschaft muss nun das Chiffontuch an einer vereinbarten Stelle des Körpers platzieren, damit die Pylone umlaufen und anschließend dem nächsten Läufer übergeben.

Das Tuch kann z. B. hier platziert werden:

➜ am Rumpf
➜ am Arm
➜ am Bein
➜ an mehreren Stellen gleichzeitig

Sollte ein Tuch während des Laufens verloren gehen bzw. herunterfallen, versucht der Läufer schnell, es wieder ordentlich zu platzieren und weiterzulaufen.

9 SCHUH-TRUBEL

Lernziel: Wahrnehmung, Orientierungsfähigkeit, Merkfähigkeit
Einsatz: Stundenbeginn, -hauptteil oder -abschluss
Material: pro Kind 1 Chiffontuch, ggf. weitere Kleinmaterialien
Zeit: 4–8 Minuten pro Durchgang
Klassenstufe: 1–3

So geht's:

Jedes Kind zieht seinen linken Schuh aus. Alle Schuhe legen sie auf einen großen Haufen. Nun verbindet sich jedes Kind mit dem Tuch die Augen.

Der Spielleiter (entweder Sie oder ein vorher bestimmtes Kind) vermischen den Haufen einmal ordentlich. Führen Sie die Kinder blind zum Haufen, sodass sich jeder davorhocken kann. Mit verbundenen Augen sollen sie nun versuchen, ihren Schuh wiederzufinden. Achten Sie darauf, dass keine Zwischenrufe erfolgen und sich die Kinder nicht gegenseitig helfen dürfen. Hierbei ist jeder auf sich allein gestellt.

Tipp: Verschärfen Sie den Anspruch, indem Sie weitere kleine und große Gegenstände mit in den Haufen geben, die die Kinder verwirren.

10 VERWIRRTE POST

Lernziel:	Aufmerksamkeit, Kooperationsfähigkeit, Reaktionsfähigkeit
Einsatz:	Stundenbeginn oder -abschluss
Material:	1 Chiffontuch
Zeit:	5–10 Minuten pro Durchgang
Klassenstufe:	3/4

So geht's:

Ziel dieses Spieles ist es, durch ein abwechselndes Hin- und Herwerfen des Tuches einen „geheimen Post-Code" zu knacken. Dieser Code bezieht sich nicht auf eine richtige Antwort, sondern es geht darum, die richtige Abwurfhaltung zu erkennen.

Bevor Sie als Postbote die Runde beginnen, erklären Sie den Kindern, dass Sie mit ihnen in ein kleines Rede-und-Antwort-Spiel gehen. Nur wer sehr aufmerksam ist, wird herausfinden, warum man „die Post" behalten darf oder warum nicht. Sie haben sich einen Code ausgedacht, der von den Kindern erraten werden muss. Verraten Sie ihnen den Code nicht. Nehmen Sie z. B. den Code „die Post darf nur mit der linken Hand weitergeworfen werden, nicht mit der rechten". Dies ist als erstes Erkennungsmerkmal sehr eindeutig, da es viel mehr Kinder gibt, die mit rechts werfen als mit links. Bis eine positive Antwort kommt, dauert es meistens eine Zeit lang.

Wirft ein Kind das Tuch mit der rechten Hand, sagen Sie, dass es die Post *nicht* behalten darf. Wirft es die Post mit der linken Hand, sagen Sie, dass es die Post behalten darf. Trotzdem wird das Tuch weitergeworfen. Es geht um den verbalen Impuls, die positive Rückmeldung.

Jetzt starten Sie das eigentliche Spiel, werfen das Tuch zu einem bestimmten Kind und sagen: „Post für (Name des Kindes, zu dem geworfen wurde)!" Dann muss das Kind die Post entgegennehmen

10 VERWIRRTE POST

und fragen: „War die Post für mich?“ Erst nach Abwurf zum nächsten Kind können Sie dem Kind schnell eine Antwort geben: Sie sehen, das Kind hat mit der rechten Hand weitergeworfen, der falschen Hand, also antworten Sie: „Nein, leider heute nicht!“ Das Kind hat die Post weitergeworfen. Wieder sagen Sie: „Post für (Name des Kindes, zu dem geworfen wurde)!“ Dann muss das Kind die Post entgegennehmen und fragen: „War die Post für mich?“ Es wirft die Post wieder weiter und Sie sehen, es wirft mit der linken Hand! Jetzt antworten Sie: „Ja, sie war für dich!“
So geht das Spiel immer weiter, bis den Kindern der „geheime Post-Code“ klarwird.

Tipp: Im Laufe der ersten Runden werden Sie feststellen, wie die Kinder gedanklich knobeln und rätseln. Lassen Sie nicht direkt die erste Idee verbalisieren. Lassen Sie, wenn möglich, alle Kinder zunächst überlegen, bis auch der letzte eine Idee hat, wie der geheime Code lauten könnte.

Kapitel 9

Im Schrank liegen …
KEULEN UND CO.

1 ALLE NEUNE

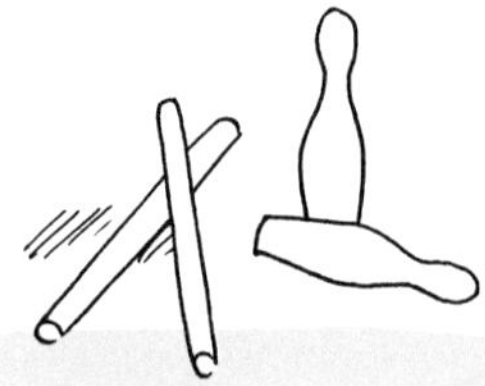

Lernziel: Zielrollen, Kinästhetische Differenzierungsfähigkeit
Einsatz: Stundenhauptteil
Material: 9 Kegel, 1 Ball (kleiner Soft- oder Gymnastikball) , 2 Markierhauben oder Pylonen, Papier und Bleistifte
Zeit: 10 Minuten pro Durchgang
Klassenstufe: 1/2

So geht's:
Wählen Sie eine Startlinie (z. B. Mittellinie der Halle) aus und begrenzen Sie die Startzone mit zwei Markierhauben oder Pylonen. Stellen Sie neun Kegel in einem Abstand von 2 m gleichmäßig verteilt auf. Die Anordnung der Kegel kann in Form einer Raute erfolgen.
Von der Startzone aus versuchen nun die Kinder, durch schwungvoll kontrolliertes Rollen, alle Kegel zu treffen. Jeder Spieler hat zwei Versuche. Punkte gibt es für jeden umgeworfenen Kegel. Gelingen „alle Neune" im ersten Versuch, erhält der Spieler 10 Punkte und darf in seinem zweiten Versuch zusätzliche Punkte sammeln. Die Punkte können Sie in einer Liste für jeden Spieler notieren.

Tipp: Je weiter die Kegel auseinanderstehen, desto geringer ist die Chance, dass umfallende Kegel andere umstoßen. Durch den Einsatz von kleinen, weichen oder leichten Bällen können Sie die Anforderung zusätzlich steigern.

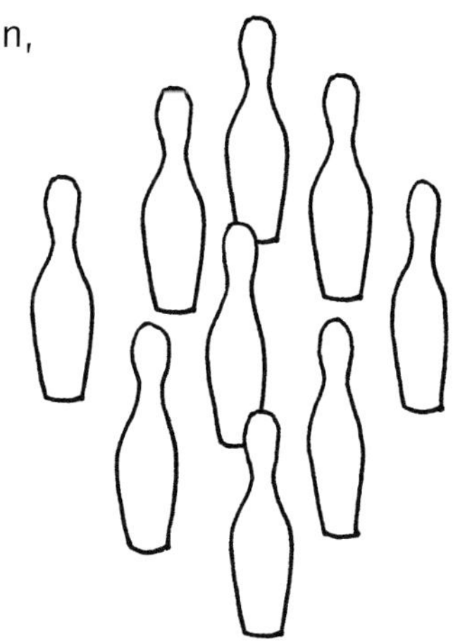

2 KEULENWÄCHTER

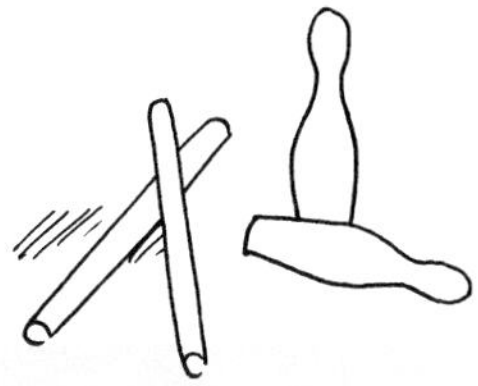

Lernziel:	Zielrollen, Reaktionsfähigkeit, Orientierungsfähigkeit, Kinästhetische Differenzierungsfähigkeit
Einsatz:	Stundenhauptteil
Material:	pro Kind 1 Keule, 2 Gymnastikbälle oder mehr
Zeit:	15–20 Minuten
Klassenstufe:	3/4

So geht's:

Jeder Spieler sucht sich einen Platz innerhalb eines vorgegebenen Spielfeldes (z. B. Volleyballfeld), stellt seine Keule vor sich auf den Boden und muss diese nun bewachen. Gleichzeitig versuchen die Kinder durch gezieltes Rollen mit den Gymnastikbällen, die Keulen anderer Mitspieler zu treffen. Durch Fußabwehr sollen sie ein Abtreffen der eigenen Keule verhindern. Wird eine Keule getroffen oder durch die eigene Berührung umgeworfen, muss der Spieler A mit seiner Keule das Spielfeld verlassen und sich auf die Bank setzen. Sobald die Keule eines anderen Mitspielers zu Boden geht, darf Spieler A wieder ins Spielfeld zurück und seine Keule an einem beliebigen Platz wieder aufstellen. Das Spiel kann zu jeder von Ihnen festgelegten Zeit beendet werden.

Wichtig:

Die Keulen müssen frei stehen und dürfen nicht festgehalten werden. Es sollte mindestens ein fußbreiter Abstand zur eigenen Keule eingehalten werden. Falls Sie den Anspruch des Spiels steigern und mehr als zwei Bälle ins Spiel bringen wollen, führen Sie am besten folgende Regeln ein:

1. Höchstens zwei Bälle dürfen im Besitz eines Spielers sein.
2. (Freie) Keulen dürfen nicht abgetroffen werden, wenn der Spieler gerade Bälle wieder ins Spielfeld holt.

3 KEULEN-BURGBALL

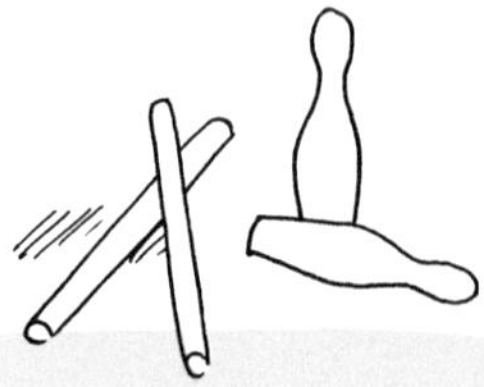

Lernziel: Werfen und Fangen, Reaktionsfähigkeit, Kooperationsfähigkeit
Einsatz: Stundenhauptteil
Material: 3 Keulen, 3 Softbälle
Zeit: 10–15 Minuten pro Durchgang
Klassenstufe: 3/4

So geht's:

Teilen Sie die Klasse in drei gleich starke Teams ein. Jedes Team bestimmt einen Keulenwächter, der in einem Spielkreis (Außenkreise und Mittelkreis) seine „Burg" (Keule) verteidigen/beschützen muss. Die anderen Mitspieler verteilen sich gleichmäßig auf die Kreislinie. Die im Kreis stehenden Spieler versuchen nun, die in der Mitte stehende Burg umzuwerfen, während der Keulenwächter dies zu verhindern versucht.

Taktik der Kreisspieler: Den Ball untereinander so zuzuspielen (Richtungswechsel, Bogenwürfe …), dass der Keulenwächter seine Burg nicht mehr schützen kann.

Einen Rollenwechsel können Sie vornehmen, wenn

a) der Keulenwächter z. B. drei Angriffe auf seine Burg erfolgreich abwehren konnte oder
b) die Kreisspieler drei „Burgeroberungen" erzielen konnten.

Variation:

Bringen Sie mehr Keulen ins Spiel und lassen Sie die Burgen von je zwei Keulenwächtern bewachen. Erhöhen Sie gleichzeitig den Abstand der Kreisspieler zur Burg.

4 KELLNER

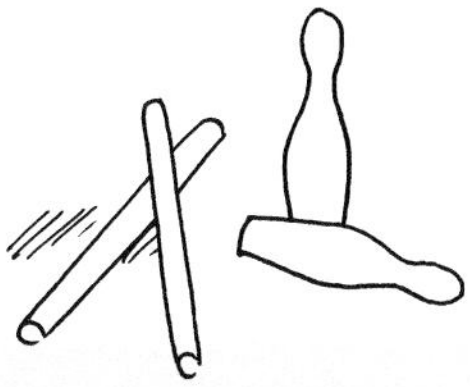

Lernziel: Kinästhetische Differenzierungsfähigkeit, Gleichgewichtsfähigkeit, Orientierungsfähigkeit
Einsatz: Stundenhauptteil
Material: 4 Keulen, 4 Frisbeescheiben, 8 Pylonen
Zeit: 5–10 Minuten pro Durchgang
Klassenstufe: 2–4

So geht's:

Teilen Sie die Klasse in vier Mannschaften ein (jede Mannschaft sollte mindestens aus sechs Spielern bestehen). Markieren Sie mithilfe der Pylonen für jede Mannschaft einen Start- und einen Zielpunkt. Mit dem Abstand zwischen Start- und Zielpunkt können Sie die Balancierstrecke beliebig variieren.

Jeweils die eine Hälfte der Mannschaft stellt sich hintereinander am Startpunkt, die andere Hälfte am Zielpunkt auf. Die jeweils ersten Spieler bekommen eine Frisbeescheibe (Tablett) und einen Kegel (Flasche oder Glas).

Die Flasche wird auf das Tablett gestellt und auf ein Startzeichen beginnen die jeweils ersten „Kellner" jeder Mannschaft ihren „Balancelauf". Am Zielpunkt wird das Tablett an den nächsten Mitspieler übergeben und ein zweiter „Balancelauf" beginnt usw.. „Kellner", die ihre „Bestellung" ausgeliefert haben, stellen sich hinter ihren Mitspielern wieder auf.

Wichtig:
Die Flaschen (Kegel) dürfen nicht festgehalten werden. Heruntergefallene Flaschen können nach dem Wiederaufstellen weitertransportiert werden.

5 RHYTHMUS STAMPFEN

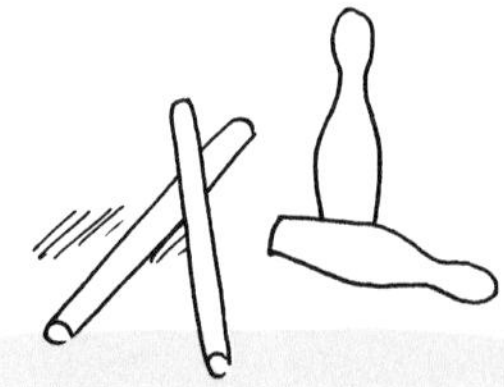

Lernziel: Konzentration, Rhythmusfähigkeit, Reaktionsfähigkeit
Einsatz: Stundenabschluss
Material: pro Kind 1 Gymnastikstab
Zeit: 5–10 Minuten
Klassenstufe: 1–4

So geht's:

Alle Kinder stellen sich im Kreis auf. Jedes Kind erhält einen Gymnastikstab. In dieser Organisationsform lassen sich verschiedene Übungen durchführen: Alle stehen fest an ihrem Platz und es wird durchgezählt (1, 2, 3, 1, 2 …). Wie im Walzerrhythmus stampfen jetzt alle entweder nacheinander reihum oder alle 1er, dann alle 2er, dann alle 3er mit ihrem Stab.

Sie geben einen Rhythmus vor oder ein Kind darf einen Rhythmus vorgeben.

Tipp: Üben Sie die verschiedenen Rhythmen zuerst im Sitzkreis ein. Führen Sie den Takt zuerst mehrmals rhythmisch vor.

Vatiationen:

- → Verbinden Sie das Rhythmusstampfen mit Bewegungen (z. B. im Kreis gehen, laufen, rückwärts, vorwärts, zur Kreismitte und zurück etc.).
- → Kombinieren Sie den Rhythmus mit der Weitergabe des Stabes (z. B. 1, 2 stampfen, auf 3 den Stab nach rechts weitergeben und den Stab des linken Nachbarn annehmen).
- → Intensivieren Sie die Lautstärke des Rhythmus, indem Sie die Klasse in vier Gruppen aufteilen. Nacheinander stimmen die einzelnen Gruppen kanonartig in den Rhythmus ein und verlassen anschließend nacheinander wieder den Rhythmus.

6 RETTUNGSRING

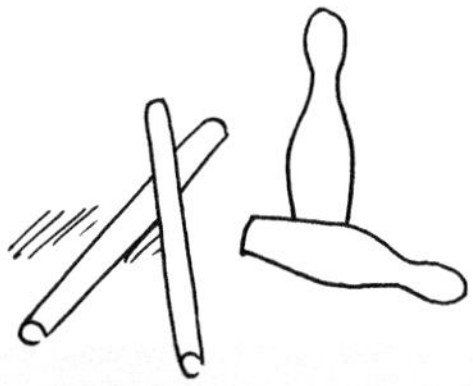

Lernziel:	Werfen und Fangen, Kooperationsfähigkeit, Ausdauer
Einsatz:	Stundenbeginn
Material:	2–4 Wurfringe, 2 Parteibänder
Zeit:	5–10 Minuten
Klassenstufe:	3/4

So geht's:

Zwei Kinder übernehmen die Rolle der Fänger und erhalten jeweils ein Parteiband. Zwei bzw. vier Kinder erhalten einen Wurfring. Aufgabe der beiden Fänger ist es, jeweils einen Mitschüler abzuschlagen, um dann mit diesem die Rolle tauschen zu können (Parteibandübergabe). Mitspieler, die im Besitz eines Wurfringes sind, können nicht abgeschlagen werden. Sie können aber durch geschicktes Zuspiel andere Mitspieler vor dem Abschlagen beschützen.

6 RETTUNGSRING

Tipp: Nehmen Sie Wurfringe aus dem Spiel oder geben Sie weitere Wurfringe hinzu. Damit erleichtern oder erschweren Sie die Anforderung an die Fänger. Möglich ist auch, dass Sie die Anzahl der Fänger erhöhen.

Wichtig:
Begrenzen Sie das Spielfeld je nach Gruppengröße so, dass die Kinder sich nicht durch weites Weglaufen, sondern vorrangig durch geschicktes gegenseitiges Zuwerfen der Ringe retten können.

7 RING-TRANSPORT

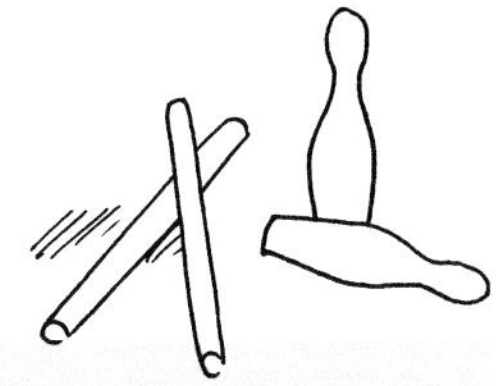

Lernziel: Geschicklichkeit, Orientierungsfähigkeit, Kinästhetische Differenzierungsfähigkeit
Einsatz: Stundenhauptteil
Material: pro Kind 1 Gymnastikstab, pro 2er-Gruppe 1 Gummiring, Pylonen, 4 kleine Kästen
Zeit: 5–10 Minuten pro Durchgang
Klassenstufe: 1–4

So geht's:

1) Für das <u>Partnerspiel</u> finden sich die Kinder zu zweit zusammen und erhalten je einen Gymnastikstab sowie einen Gummiring. Jedes Paar sucht sich einen Platz an der Längsseite der Halle. Die Enden beider Stäbe stecken sie in den Ring. Jetzt versuchen sie gemeinsam, den Gummiring flach über den Boden zu ziehen. Nach der Übungsphase können Sie einen Wettkampf anbieten: Aufstellung der Paare an der Längsseite der Halle verteilt. Auf ein Startzeichen beginnen alle Paare ihren Transport. Welches Paar erreicht zuerst die andere Hallenseite?

2) <u>Kleingruppenspiel:</u> Jedes Paar versucht nun, sich auf anfänglich geringer Distanz den Gummiring zuzuspielen. Dabei können beide Ring-Schiebe-Techniken (siehe S. 120 unten) erprobt und auch der Abstand variiert werden. Nach ein paar Minuten wird die Anzahl der Mitspieler vergrößert, indem immer zwei Pärchen zusammenspielen (vier Kinder zusammen mit einem Ring).

3) <u>Gruppenspiel:</u> Teilen Sie die Kinder in vier gleich große Gruppen ein. Jedes Team erhält eine Spielfläche, die Sie mithilfe von Pylonen begrenzen können. Jedes Kind erhält einen Gymnastikstab. In jedem Team wird von den Kindern die Reihenfolge festgelegt, wer zu wem spielt. Nun bewegen sich alle Teammitglieder frei in ihrem Spielfeld und spielen sich in der festgelegten Reihenfolge den Gummiring zu.

7 RING-TRANSPORT

4) Ringtransport-Wettkampfspiel: Wie in Spiel 3 wird die Gesamtgruppe in vier gleich große Mannschaften aufgeteilt. Jede Mannschaft stellt sich an der Stirnseite der Halle hintereinander auf. Stellen Sie für jede Mannschaft z. B. auf der Mittellinie einen kleinen Kasten mit der Lederseite nach vorn auf (Die so entstandene Transportstrecke können Sie beliebig variieren). Jede Mannschaft erhält einen Gummiring und einen Gymnastikstab. Nach dem Startsignal beginnt der Wettkampf mit dem jeweils ersten Spieler jeder Mannschaft. So schnell wie möglich soll jetzt der Ring mithilfe des Stabes über die Strecke transportiert, dann der Kasten getroffen und anschließend der Rücktransport durchgeführt werden. Nur flach über den Boden schieben ist erlaubt! Am Ausgangspunkt wird sowohl der Stab als auch der Ring an den zweiten Mitspieler übergeben. Die nächste Wettkampfrunde startet usw.

Wichtig:
Vorab sollten Sie Ihren Schülern die Handhabung der Gymnastikstäbe zeigen und eine wichtige Regel „Stäbe niemals über Kniehöhe heben – Verletzungsgefahr" absprechen. Demonstrieren Sie auch die Ring-Schiebe-Techniken:

* Der Ring wird von außen mithilfe des Stabes geschoben.
* Der Stab wird in die Mitte des Ringes gesteckt, um so den „aufgepikten" Ring zu schieben.

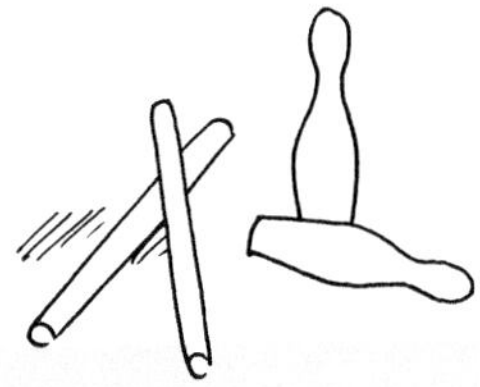

8 RING-HOCKEY

Lernziel:	Orientierungsfähigkeit, Geschicklichkeit, Kooperationsfähigkeit, Kinästhetische Differenzierungsfähigkeit
Einsatz:	Stundenhauptteil
Material:	pro Kind 1 Gymnastikstab, 2 Gummiringe, 2–4 Kastendeckel, Parteibänder, 1 Münze
Zeit:	20–30 Minuten
Klassenstufe:	3/4

So geht's:

Je nach Gruppengröße werden drei bis vier Mannschaften (pro Mannschaft nicht mehr als sieben Kinder) gebildet. Kennzeichnen Sie die Mannschaften mit Parteibändern. Zwei Mannschaften spielen auf dem Volleyballfeld gegeneinander. An der Stirnseite wird für jede Mannschaft ein Tor (langer Kastendeckel) aufgestellt.

Jede Mannschaft bestimmt einen Torhüter, der im Laufe des Spiels ausgetauscht werden sollte. Die Feldspieler verteilen sich mit ihren Gymnastikstäben auf ihrer Spielfeldhälfte. Deren Aufgabe ist es nun, den Gummiring ins gegnerische Tor zu spielen. Der Ring ist im „Tor", wenn er die Lederseite des Kastendeckels trifft.

Der Gummiring darf nur auf zweierlei Arten gespielt werden:

1) Entweder wird der Ring von außen mit dem Stab geschoben oder
2) der Stab wird in die Mitte des Ringes gesteckt und so vorangeschoben.

Wichtig:

* Der Stab darf nicht über Kniehöhe angehoben werden!
* Mit dem Ring darf man nur fünf Schritte laufen, dann muss er abgespielt werden.

8 RING-HOCKEY

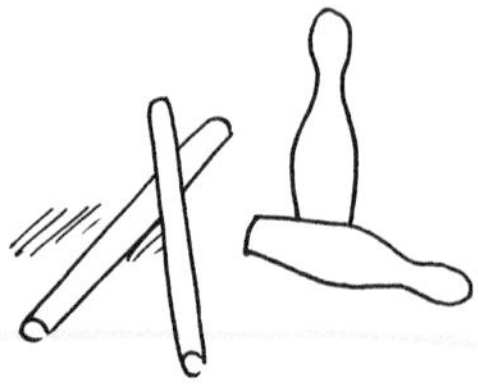

Um die Annahme des Ringes zu erleichtern und eine bessere Kontrolle über ihn zu haben, dürfen die Kinder den Ring mit dem Fuß stoppen, bevor der Stab zum Einsatz kommt. Zu Beginn und nach jedem erzielten Tor wird das Spiel von der Mittellinie aus begonnen. Sie können zu Spielbeginn die „Anschub-Mannschaft" durch „Münzwurf" bestimmen.

Wichtige Schiedsrichter-Regeln:
Die andere Mannschaft erhält den Ring, wenn ...

a) der Stab zu hoch geführt wird,
b) der Ring vom Boden abhebt,
c) der Ring ins Aus geschoben wird,
d) mehr als fünf Schritte mit dem Ring gelaufen werden und
e) mit dem Stab in den Ring eines Gegners „gepikt" wird, während dieser mit seinem Stab den Ring gerade in dieser Weise vorantreibt.

Begrenzen Sie die Spielzeit auf etwa zehn Minuten. Geben Sie vor Beendigung den Hinweis: „Noch eine Minute". Jetzt können die beiden anderen Mannschaften auf das Spielfeld und ein neuer Durchgang beginnt. Bei vier Mannschaften können Sie anschließend z. B. die beiden „Siegerteams" und die beiden „Zweitplatzierten" gegeneinander antreten lassen.

Tipp: Häufig kommt es bei den ersten Spielversuchen dazu, dass sich alle Kinder gleichzeitig auf den Ring „stürzen" und so ein Abspielen kaum möglich ist. Eine gute Gelegenheit, das Spiel zu unterbrechen und gemeinsam mit den Kinder nach Lösungsmöglichkeiten zu suchen. Sie könnten Abwehr-, Mittelfeld- und Angriffsspieler mit festgelegtem Spielraum bestimmen sowie über die Notwendigkeit des „Freilaufens" und der „Manndeckung" sprechen.

9 RING-CURLING

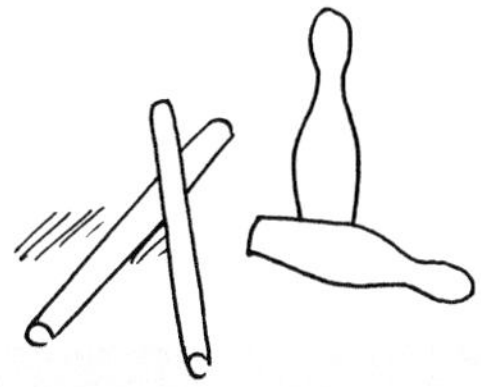

Lernziel: Kinästhetische Differenzierungsfähigkeit, Kooperationsfähigkeit
Einsatz: Stundenhauptteil
Material: pro Kind 1 Wurfring und 1 Gymnastikstab, 15 Pylonen
Zeit: 15–20 Minuten
Klassenstufe: 2–4

So geht's:
Teilen Sie die Klasse in sechs gleich große Mannschaften ein. Jede Mannschaft erhält, je nach Mannschaftsstärke, vier bis fünf gleichfarbige Wurfringe und einen Gymnastikstab. Immer zwei Mannschaften spielen gegeneinander. Nutzen Sie für je zwei Mannschaften als Zielkreis (Haus) die Bodenmarkierung (rechter und linker Außenkreis sowie Mittelkreis) und markieren Sie die Kreismitte der Zielkreise mit einer Pylone.

Die Mannschaften stellen sich an den Hallenlängsseiten auf. Markieren Sie die jeweiligen Startlinien mit jeweils zwei Pylonen. Aufgabe ist es, mithilfe des Stabes den Wurfring möglichst nah an die Pylone im Zielkreis zu schieben. Der erste Spieler aus Mannschaft A beginnt. Dann folgt der erste Spieler aus Mannschaft B usw., bis jeder Spieler seinen Versuch durchgeführt hat. Wie beim Curling ist es erlaubt, gegnerische Ringe aus dem Zielkreis (Haus) zu „schießen".

Wichtig:
Der Stab darf nicht über Kniehöhe geführt und die Ringe dürfen nur geschoben werden!

9 RING-CURLING

<u>Wertungsmöglichkeit:</u>
Nur Ringe, die sich im „Haus“ befinden, können in die Wertung kommen. Ein Team erhält einen Punkt für jeden Ring, der sich näher an der Pylone befindet als der beste Ring des gegnerischen Teams.

<u>Beispielzeichnung für eine Wertung:</u>
Team Weiß erhält zwei Punkte. Team Schwarz keinen, obwohl es mehr Ringe im Zielkreis hat.

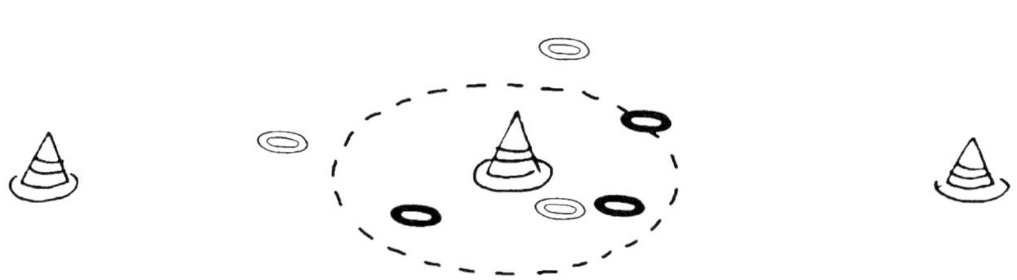

10 RING-SCHACH

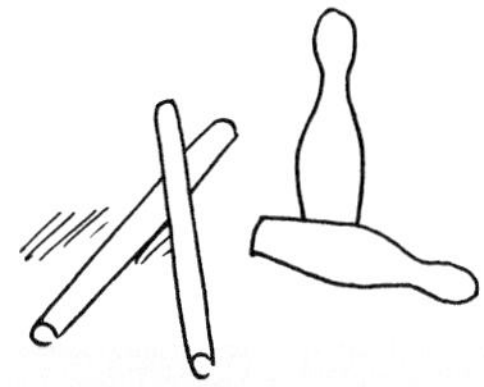

Lernziel:	Geschicklichkeit, Kinästhetische Differenzierungsfähigkeit
Einsatz:	Stundenhauptteil
Material:	pro Kind 1 Keule, 2–3 Keulen als Könige, 10–15 Wurfringe, evtl. Markierhauben
Zeit:	10–20 Minuten
Klassenstufe:	1–4 (je nach Variante)

So geht's:

Das hier beschriebene Spiel ist an den Spielgedanken des „Kubb", des „Wikinger-Schach"-Spiels angelehnt und für den Einsatz in der Sporthalle abgeändert. Die abgewandelte Spielidee eignet sich aber auch mit entsprechenden Materialien für die Pausengestaltung.

Zwei Mannschaften spielen gegeneinander. Je nach Gruppengröße können Sie vier oder sechs Mannschaften bilden. Pro Mannschaft jedoch nicht mehr als fünf Spieler. Jeder Spieler erhält eine Keule. Je zwei Mannschaften stehen sich in einer Hallenhälfte gegenüber und stellen ihre Bauern (Keulen) an der Längsseite der Halle (Grundlinie) im Abstand von ca. 0,5 m nebeneinander auf. In die Mitte des Spielfeldes wird eine Keule (der König) gestellt.

Zuerst wird darum gespielt, welche Mannschaft beginnen darf. Dafür darf jede Mannschaft einen Wurfring zum „König" werfen. Wer näher am König liegt, ohne diesen umzuwerfen, darf beginnen und erhält pro Teammitglied einen Wurfring (z. B. Mannschaft A).

Bevor Mannschaft A das Spiel beginnt, muss sich Mannschaft B an der Seitenlinie aufstellen. Der erste Mitspieler aus Mannschaft A stellt sich an seiner Grundlinie auf und versucht, mit seinem Wurfring eine Keule (Bauer) der gegnerischen Mannschaft abzutreffen. Danach folgen alle anderen Spieler aus Mannschaft A. Abgetroffene Bauern (Keulen) werden von Mannschaft B aus dem Spiel genommen (an die Seitenlinie gelegt) und die Wurfringe eingesammelt. Jetzt startet der Versuch der Mannschaft B.

Wenn eine Mannschaft alle Bauern (Keulen) des Gegners getroffen hat, versucht sie anschließend, den „König" zu Fall zu bringen. Schafft sie das, hat diese Mannschaft gewonnen. Wird der König umgeworfen, bevor alle Bauern umgeworfen wurden, hat man verloren.

Tipp: Dieses Spiel können Sie natürlich auch mit Softbällen spielen. Der Einsatz von Wurfringen bietet, da er viel seltener zum Einsatz kommt, jedoch auch vielfältige Möglichkeit zur Erprobung unterschiedlicher Wurftechniken!

Variation:

Diese Spielvariante eignet sich insbesondere für die Klassenstufe 3/4: Mannschaft A darf die Keulen (Bauern), die sie bei Mannschaft B abtrifft, im eigenen Feld verteilt wieder aufbauen. Bevor Mannschaft B nun die Keulen auf der Grundlinie der Mannschaft A abtreffen darf, muss sie zuerst alle Keulen (eigene Bauern), die Mannschaft A im Feld verteilt aufgestellt hat, umwerfen. Die umgeworfenen „Feldkeulen" werden dann sofort aus dem Spiel entfernt. Werden „Grundlinien-Keulen" abgetroffen, bevor alle „Feldkeulen" abgeworfen wurden, so dürfen diese wieder aufgestellt werden.

Kapitel 10

Im Schrank liegen ...
ALLTAGSGEGENSTÄNDE

1 ZAHLENSUCHE

Lernziel: Ausdauer, Gedächtnis, Orientierungsfähigkeit, Kooperationsfähigkeit
Einsatz: Stundenhauptteil
Material: 25–30 Bierdeckel, Filzstift, ca. 6 kleine Kästen, pro Mannschaft 1 Reifen
Zeit: 15–20 Minuten
Klassenstufe: 1–4

So geht's:

Teilen Sie die Klasse in vier oder fünf gleich große Mannschaften auf. Jede Mannschaft sollte nicht mehr als sechs Spieler haben.

Jede Mannschaft bekommt einen Reifen und jeder Spieler einer Mannschaft einen Bierdeckel, der mit einer Zahl (1 bis X) versehen ist (je nach Anzahl der Teammitglieder). Einen zusätzlichen Bierdeckelsatz, mit den gleichen Zahlen versehen, benötigen Sie für die kleinen Kästen.

Bauen Sie so viele Kästen in der Halle verteilt auf, wie es Mitglieder in den Mannschaften gibt (z. B. sechs Kästen bei 6er-Gruppen). Legen Sie je einen Bierdeckel verdeckt darauf. Die Zahl darf nicht zu sehen sein. Die Reifen legen Sie an der Stirnseite der Halle auf die Hallenlinie. Jede Mannschaft legt ihre Bierdeckel verdeckt in ihren Reifen.

Nun stellen sich die Mannschaften in einer Reihe hinter ihrem Reifen auf (Die Reihenfolge der Starter sollte von den Mannschaftsmitgliedern organisiert werden). Auf ein Startzeichen nimmt der erste Spieler jeder Mannschaft einen Bierdeckel aus dem Reifen, läuft los und sucht den entsprechenden Ablageort (d. h. den Kasten mit dem Bierdeckel der gleichen Zahl). Er legt seinen Bierdeckel dort verdeckt ab, läuft zurück, schlägt seinen nachfolgenden Partner ab und stellt sich hinten wieder an. Jetzt darf der zweite Spieler

1 ZAHLENSUCHE

einen Bierdeckel aufnehmen. Dies wird so lange durchgeführt, bis alle Bierdeckel verteilt bzw. zugeordnet sind. Die Mannschaft, die zuerst alle Bierdeckel zugeordnet hat und in der Gruppe als Erstes hintereinandersitzt, hat gewonnen.

Wichtig:
Weisen Sie die Kinder vor Spielbeginn darauf hin, aufeinander Rücksicht zu nehmen, damit es im Eifer des Gefechtes zu keinem Zusammenstoß kommt! Auch müssen die Bierdeckel immer mit der Zahl nach unten abgelegt werden, da sonst der Suchcharakter des Spiels verloren geht.

2 GEIER GUSTAV

Lernziel: auditive Wahrnehmung, Reaktionsfähigkeit, Spieltaktik, Kooperationsfähigkeit
Einsatz: Stundenabschluss
Material: 1 Kuscheltier (z. B. Geier Gustav, Hase Hoppel, ...)
Zeit: 10 Minuten
Klassenstufe: 1–4

So geht's:

Für den ersten Durchgang sind Sie der Fänger (Farmer). Alle Kinder stehen Ihnen gegenüber an der Stirnseite der Turnhalle hinter der Hallenlinie. Die Kinder sind die Diebe. Das Kuscheltier (z. B. „Geier Gustav") sitzt in einem Abstand von ca. 2 m von Ihnen auf dem Boden.

Erklären Sie den Spielverlauf, indem Sie den Kindern eine kleine Geschichte erzählen:
Heute habe ich euch den letzten Geier meiner Geierfarm mitgebracht. Sein Name ist Gustav. Alle anderen Geier meiner Farm wurden mir gestohlen. Gustav lebt in großer Gefahr. Auch ihn wollen sich die Geierdiebe (das seid ihr) holen. Aber etwas müsst ihr noch wissen: Gustav hat schreckliche Angst vor Dunkelheit und will auf keinen Fall unter ein T-Shirt gesteckt werden. Auch kann er noch nicht richtig fliegen und will nicht von einem zum anderen geworfen werden. Eure Aufgabe wird es gleich sein, Gustav zu stehlen und ihn auf eure Seite zu bringen, ohne dabei erwischt zu werden.

Stellen Sie sich nun mit dem Gesicht zur Wand hin und rufen Sie: „1, 2, 3, 4 – Wo ist Geier Gustav?". Während Sie diesen Satz sagen, starten die „Geierdiebe" ihren Vormarsch und müssen spätestens, wenn Sie sich nach dem letzten Wort umdrehen, stehen bleiben und einfrieren. Wer von Ihnen erwischt wird, weil er sich doch noch bewegt hat, muss bis zum letzten Mitspieler zurück.

2 GEIER GUSTAV

Dies wird so lange wiederholt, bis die ersten Kinder in Greifweite des Geiers sind. Hat jemand Gustav gestohlen, drehen sich alle Kinder um und halten ihre Hände vor den Bauch. Denn alle müssen so tun, als ob sie Gustav hätten.

Jetzt dürfen Sie (der Farmer) einmal raten, wer den Geier hat. Wer als Dieb von Ihnen genannt wird, muss seine Hände zeigen. Raten Sie falsch, wird das Spiel in entgegengesetzter Richtung wie oben beschrieben fortgesetzt: Nach jedem Rufen und Umdrehen haben Sie einmal die Möglichkeit, den Geierdieb zu erraten. Während des Rückweges darf Gustav weitergegeben werden! Raten Sie richtig, wird der Dieb zum neuen Farmer und eine neue Spielrunde beginnt.

Tipp: Wandeln Sie die Geschichte je nach vorhandenem Kuscheltier ab. Achten Sie darauf, dass das Kuscheltier nicht zu groß ist und die Kinder es gut vor ihrem Bauch verstecken können.

3 MIEZE, DEINE MAUS IST WEG

Lernziel: auditive Wahrnehmung, Orientierungsfähigkeit, Kooperationsfähigkeit
Einsatz: Stundenbeginn
Material: 1 Kuscheltier (kleine Maus)
Zeit: 10 Minuten
Klassenstufe: 1/2

So geht's:

Ein Kind übernimmt die Rolle der „Katze" und befindet sich hockend im Mittelkreis. Die kleine Maus liegt neben ihm. Alle anderen Kinder bilden einen Sitzkreis um die Katze herum.

Sobald die Katze eingeschlafen ist, bestimmen Sie durch Antippen ein Kind, das die Maus stehlen muss. Dieses schleicht zur Katze, nimmt die Maus weg, schleicht zurück an seinen Platz und versteckt die Maus hinter seinem Rücken. Alle anderen Mitspieler halten ihre Hände auch auf dem Rücken und tun so, als ob sie die Maus hätten. Nun rufen alle gemeinsam „Mieze, Mieze, deine Maus ist weg!"

Die Katze öffnet die Augen, schaut sich um und hat drei Versuche, den Mäusedieb zu bestimmen. Gelingt es, dann werden die Rollen getauscht. Gelingt es nicht, dann startet entweder ein weiterer Versuch oder die Katze darf eine neue Katze bestimmen.

4 FAMILIE BRUMMBÄR

Lernziel: Orientierungsfähigkeit, auditive Wahrnehmung
Einsatz: Stundenabschluss
Material: 6 verschiedene Kuscheltiere, pro Kind 1 Tier-Wortkarte, Tamburin
Zeit: 10 Minuten
Klassenstufe: 1/2

So geht's:

Stellen Sie pro Kuscheltier so viele passende Tier-Wortkarten her, dass jedes Kind eine Tier-Wortkarte bekommt (bei 24 Kindern und sechs Kuscheltieren stellen Sie also pro Kuscheltier vier Wortkarten her). Platzieren Sie die Kuscheltiere verteilt in der Halle, z. B. in den Ecken, auf Bänken …

Jedes Kind zieht nun verdeckt eine „Tier-Wortkarte“, schaut sie sich kurz an und steckt sie dann in den Hosenbund. Die Kuscheltierzugehörigkeit muss geheim bleiben und darf auf keinen Fall verraten werden (Karte zeigen oder Tier nennen ist verboten!). Die Anzahl der Tier-Familienangehörigen können Sie vorher bekannt geben.

Auf ein Startsignal bewegen sich die Kinder (gehen, laufen, hüpfen) kreuz und quer durch die Halle und flüstern immer wieder ihren Tiernamen (z. B. Bär, Bär …). So finden sich nach und nach alle „Kuscheltier-Familienmitglieder“ und gehen als Gruppe zu ihrem Kuscheltier. Gewonnen hat die Tierfamilie, die sich zuerst vollständig bei ihrem Kuscheltier aufgestellt hat.

Wichtig:
Erst wenn die Familie komplett ist, darf sie zu ihrem Kuscheltier laufen.

5 FLÜSTERSTAFFEL

Lernziel: räumliche und auditive Wahrnehmung, Reaktionsfähigkeit, Schnelligkeit, Ausdauer
Einsatz: Stundenabschluss
Material: 20 verschiedene Alltagsmaterialien (Kuscheltiere, Wäscheklammern, Bierdeckel ...), passende Wort-/Bildkarten in Klassenstärke
Zeit: 5–10 Minuten
Klassenstufe: 1/2

So geht's:

Für dieses Spiel benötigen Sie 20 Alltagsgegenstände. Zu jedem Gegenstand benötigen Sie außerdem die passende Wortkarte. Stellen Sie darüber hinaus Wortkarten her, damit Sie für jedes Kind eine Wortkarte haben, d.h., eine Wortkarte kann durchaus mehrfach vorkommen.

Teilen Sie die Kinder in vier (möglichst gleich große) Mannschaften ein. Jede Mannschaft stellt sich in einer Reihe hintereinander in den vier Ecken der Turnhalle auf. Jede Mannschaft erhält einen Stapel Wortkarten (entsprechend der Anzahl der Mannschaftsmitglieder).

In den Mittelkreis legen Sie die 20 Alltagsgegenstände. Das jeweils letzte Kind in der Reihe zieht verdeckt eine Karte und muss dem Vordermann den Gegenstand zuflüstern. Dies wird bis zum ersten Kind in der Reihe fortgesetzt. Das erste Kind muss nun so schnell wie möglich zum Mittelkreis laufen, den entsprechenden Gegenstand suchen, es zur Gruppe bringen, sich hinten anstellen und die nächste Karte ziehen. Jetzt beginnt das Spiel wieder von vorn und wird so lange durchgeführt, bis alle Karten aufgebraucht sind.

5 FLÜSTERSTAFFEL

Wichtig:
Es kann passieren, dass der zu suchende Gegenstand bereits von einer anderen Gruppe geholt wurde. Dann muss man ohne Gegenstand zurück und sein Glück mit einem anderen Gegenstand versuchen.

Gewonnen hat die Mannschaft, die zuerst alle Karten verbraucht und die meisten Kuscheltiere gesammelt hat.

6 OKTOPUS

Lernziel: Schnelligkeit, Gewandtheit, Ausdauer
Einsatz: Stundenabschluss
Material: Zeitungspapierbögen in Klassenstärke
Zeit: 5–10 Minuten
Klassenstufe: 3/4

So geht's:
Ein Kind übernimmt die Rolle des „Oktopus" (Fänger) und steht an der Stirnseite der Turnhalle hinter der Hallenlinie. Alle anderen Kinder sind die „Fische" und stehen an der gegenüberliegenden Seite hinter der Linie. Die Fische rufen 3-mal „Oktopus" und müssen dann versuchen, auf die andere Seite zu gelangen. Der Oktopus versucht, möglichst viele Fische zu fangen. Fische, die gefangen werden, bleiben im Feld stehen, erhalten zwei Bögen Zeitungspapier (einrollen) und werden in der folgenden Runde zum „Oktopus-Helfer". Die Fische dürfen nur in eine Richtung laufen, also nicht zurück. Der Oktopus darf dagegen auch wieder zurücklaufen, um nachfolgende Fische zu fangen. Fische, die die gegenüberliegende Linie überquert haben, dürfen nicht mehr gefangen werden. Das Spiel wird so lange fortgesetzt, bis nur noch ein Kind übrig ist. Dieses darf dann im nächsten Durchgang der Oktopus sein oder einen Oktopus auswählen.

Tipp: Laufschwächere Kinder dürfen sich einen Mitfänger suchen.

Wichtig:
„Oktopus-Helfer" müssen auf der Stelle stehen bleiben und dürfen nur ihre „verlängerten Arme" einsetzen und vorbeilaufende Fische sanft mit der Zeitungsrolle berühren.

7 BIENENKÖNIG(IN)

Lernziel:	Auge-Hand-Koordination, Schnelligkeit, Ausdauer
Einsatz:	Stundenabschluss
Material:	pro Kind 1 Wäscheklammer, 3 kleine Kästen, 6 Reifen
Zeit:	5–10 Minuten
Klassenstufe:	1/2

So geht's:

Teilen Sie die Klasse in drei Gruppen ein (pro Gruppe sieben bis neun Kinder). Jede Gruppe bestimmt eine „Königin"/einen „König". Jede Königin/jeder König darf auf ihrem/seinem Thron (kleiner Kasten), der auf der Mittellinie der Halle steht, Platz nehmen. Die anderen Gruppenmitglieder teilen sich auf und stellen sich hintereinander an den beiden Stirnseiten der Halle hinter der Hallenlinie auf. Vor ihnen liegen jeweils Reifen. Jede Gruppe erhält gleich viele Wäscheklammern, die auf die beiden Seiten aufgeteilt in die Reifen gelegt werden.
Auf ein Startzeichen nimmt der erste Spieler eine Klammer auf, läuft zu seiner Königin/seinem König, heftet vorsichtig die Klammer an die Kleidung, läuft zur gegenüberliegenden Stirnseite, klatscht dort seinen Mitspieler ab und stellt sich hinten in der Reihe an. Der abgeklatschte Mitspieler nimmt eine Klammer auf, läuft zur Mittellinie, heftet seine Klammer an, läuft zur gegenüberliegenden Stirnseite, klatscht dort seinen Mitspieler ab und stellt sich hinten an. Dies wird so lange fortgesetzt, bis die Bienenkönigin/der Bienenkönig mit allen Wäscheklammern geschmückt ist. Gewonnen hat die Mannschaft, die zuerst alle Klammern angeheftet und sich in einer Reihe hintereinander auf den Boden gesetzt hat.

Tipp: Den „Abbau" der Wäscheklammern können Sie als neuen Durchgang durchführen. Oder Sie kombinieren den „Auf- und Abbau" der Wäscheklammern als einen Durchgang.

8 HÜHNERRUPFEN

Lernziel: Schnelligkeit, Geschicklichkeit, Ausdauer
Einsatz: Stundenbeginn
Material: pro Kind 3–4 Wäscheklammern, ggf. Parteibänder oder Tücher
Zeit: 5 Minuten pro Durchgang
Klassenstufe: 3/4

So geht's:

Jedes Kind erhält drei bis vier Wäscheklammern, die es an den hinteren und seitlichen Saum seines T-Shirts heftet. Auf ein Startzeichen versuchen alle Spieler, anderen Mitspielern ihre Wäscheklammern zu klauen und dabei seine eigenen nicht zu verlieren. Wer eine Wäscheklammer erbeutet hat, muss diese sofort an den Saum seines eigenen T-Shirts heften. Während dieser Zeit darf niemand ihn bestehlen. Gewonnen hat das Kind, das nach dem Durchgang im Besitz der meisten Klammern ist.

Tipp:

Das Spiel eignet sich sehr gut als vorbereitendes Übungsspiel zum Indiaca® Flagball S. 89.

9 KLAMMER-KLAU

Lernziel: Orientierungsfähigkeit, Reaktionsfähigkeit, Schnelligkeit, Geschicklichkeit
Einsatz: Stundenabschluss
Material: 1 Wäscheklammer, 2 Langbänke, 1 kleiner Kasten
Zeit: 5 Minuten
Klassenstufe: 3/4

So geht's:

Teilen Sie die Klasse in zwei gleich starke Gruppen auf. Die beiden Langbänke werden mit geringem Abstand nebeneinander aufgestellt. Vor den Langbänken steht ein kleiner Kasten, auf dem eine Wäscheklammer liegt. Die Wäscheklammer muss mittig und in Griffweite der ersten beiden Spieler liegen.

Die Gruppenmitglieder setzen sich hintereinander mit Blick zum kleinen Kasten auf ihre Langbank und legen ihre Hände auf die Schulter des Vordermannes. Tippen Sie nun dem letzten Mitspieler jeder Mannschaft auf die Schulter. Dies ist das Startkommando. Diesen Impuls geben die Mannschaften jeweils bis zum ersten Spieler weiter (Antippen der Schulter des Vordermanns). Kommt der Impuls beim ersten Spieler an, muss dieser dann so schnell wie möglich versuchen, die Klammer aufzunehmen. Gelingt es dem Spieler der Mannschaft A, setzt er sich an den Schluss und erwartet hier das neue Startsignal. Dies wird so lange durchgeführt, bis eine Mannschaft wieder in der Ausgangsstellung sitzt und somit gewonnen hat.

10 KARTENSPIEL-MEMO

Lernziel: Merkfähigkeit, Orientierungsfähigkeit, Schnelligkeit, Ausdauer
Einsatz: Stundenabschluss
Material: 2 Kartenspiele, 4 Pylonen
Zeit: 5 Minuten
Klassenstufe: 1–4

So geht's:
Teilen Sie die Klasse in vier gleich große Gruppen ein. Jede Gruppe erhält 16 Spielkarten einer Spielfarbe (Gruppe 1 alle Herzkarten – doppelt, Gruppe 2 alle Kreuzkarten doppelt usw.). Legen Sie die Spielkarten jeder Gruppe wie beim Memory® gegenüber dem Startpunkt (Pylone) an der Stirnseite der Halle vermischt aus (Der Abstand zwischen Start und Ziel kann variieren). Jede Gruppe stellt sich am Startpunkt in einer Reihe auf.

Auf ein Zeichen starten die ersten Spieler jeder Gruppe zur gegenüberliegenden Hallenseite und decken dort zwei Karten auf. Bei einem Pärchen dürfen sie die Karten aufnehmen. Stimmen die Karten nicht überein, müssen die Karten wieder umgedreht zurückgelegt werden. Wenn der erste Spieler wieder am Startpunkt ankommt, klatscht er seinen Mitspieler ab und stellt sich wieder hinten an. Dies wird so lange durchgeführt, bis eine Mannschaft alle Pärchen gefunden hat.

10 KARTENSPIEL-MEMO

Medientipps

Literatur

Gegier, Birgit:
Aber ich kann doch gar nicht Sport unterrichten.
Überlebenshilfen für „Vollverkrampfte“.
Klasse 1–4.
Verlag an der Ruhr, 2007.
ISBN 978-3-8346-0308-1

Köhler-Holle, Stefan:
Schwingelige Abenteuer.
Spiele mit dem Schwungtuch für 4–8-Jährige.
Verlag an der Ruhr, 2010.
ISBN 978-3-8346-0627-3

Mertens, Michael:
Sport und Spiel mit Alltagsmaterial.
630 Trainingsideen für Gruppe, Freizeit und Schule.
Verlag an der Ruhr, 2005.
ISBN 978-3-86072-987-8

Neubauer, Friederike:
30 X Sport für 45 Minuten.
Klasse 1/2.
Verlag an der Ruhr, 2011.
ISBN 978-3-8346-0877-2

Neubauer, Friederike:
30 X Sport für 45 Minuten.
Klasse 3/4.
Verlag an der Ruhr, 2012.
ISBN 978-3-8346-0878-9

Wolters, Petra; Ehni, Horst; Kretschmer, Jürgen, u. a.:
Didaktik des Schulsports.
Hofmann, Schorndorf, 2000.
ISBN 978-3-7780-3491-0

Verlag an der Ruhr

Postfach 10 22 51
45422 Mülheim an der Ruhr

Telefon 030/89 785 235
Fax 030/89 785 578

bestellungen@cornelsen-schulverlage.de
www.verlagruhr.de

■ „Mir hat gut gefallen, dass …“

88 Impulskarten für gezielte und begründete Reflexionen

Kl. 1–6, 88 farbige Impulskarten, banderoliert, A4

ISBN 978-3-8346-2309-6

■ Alleine, mit dem Partner oder in der Gruppe?

70 Signalkarten zu allen Sozialformen

Kl. 1–7, 70 farbige Signalkarten, 12 x 12 cm, banderoliert

ISBN 978-3-8346-2308-9

■ Unsere Klassenregeln

36 Regelstreifen zum individuellen Kombinieren

Kl. 1–4, 36 Regelstreifen mit Poster in A3, farbig

ISBN 978-3-8346-0902-1

■ Das brauchst du!

232 Materialkarten zur Visualisierung

Kl. 1–4, 160 farbige Karteikarten, A6

ISBN 978-3-8346-1293-9

Klasse organisiert durch den Schulalltag